白度母修法

如意輪：成就無死的法門

堪布卡塔仁波切 講述

噶瑪索南卓瑪 彙編　　噶瑪策凌卻準 中譯

謹以此書獻給尊貴的 第十七世嘉華噶瑪巴鄔金欽列多傑

堪布卡塔仁波切

白度母法相

白度母修法

如意輪：成就無死的法門

目 錄

堪布卡塔仁波切 講述

白度母修法

KARMA TRIYANA DHARMACHAKRA
The Seat of His Holiness the Gyalwang Karmapa in North America

白度母修法中譯本
堪布卡塔仁波切序言

༄༅། དེ་ཡང་རིགས་མ་ཆད་པའི་བརྒྱུད་འཛིན་གྱི་སྐྱེས་བུ་གང་པོ་ཞིག་ལུགས་པའི་ལྔ་མཆོག་འཕགས་མ་
སྒྲོལ་དཀར་འདི་ཉིད་ལ་བརྟེན་ནས་སྐུ་ཚེ་དང་ཕྲིན་ལས་མཐར་ཕྱིན་པ་གྱུར་ལས་འདན་པ་བོན་ལ།
སྒྲུབ་བརྒྱུད་རིན་པོ་ཆེ་འདི་ཉིད་ལ་མཆོན་ན། ཆོས་ཀྱི་རྒྱལ་པོ་མཉམ་མེད་སྒམ་པོ་པས་ལུགས་པའི་ལྔ་འདི་
ལ་བརྟེན་ནས་སྐུ་གཤིས་ལུག་ཏུ་བཞིངས་པ་དང་། །རྒྱལ་དབང་རིག་པའི་རྡོ་རྗེས་བརྟེན་པ་སྐྱལ་བ་
ལ་སྐུ་ཚེ་བརྟན་དགོས་ལས་བྱེད་རང་ལུགས་པའི་ལྔ་སྒྲོལ་དཀར་ལ་བརྟེན་ཞིག་ཅེས་གསང་ཆེན་ཁྲ་འགྲ།
རིན་པོ་ཆེ་ལ་གསུངས་པ་དང་། རང་རེས་ནས་གུང་ལུགས་པའི་ལྔ་འདི་ཉིད་ལ་བརྟེན་ན་ཚེ་རིང་བ་སྱོང་
བས་གྲུབ་པ་བས། རིས་མེད་ཀྱི་སྒྲུབ་མ་དང་དད་ལྡན་རྣམས་ཀྱིས་ལ་འབྱོར་དོན་ལོད་ཕྱིར་དུ་དུམ་པའི་
ཆོས་སྒྲུབ་དགོས་ལ། དམ་པའི་ཆོས་སྒྲུབ་པ་ལ་འགལ་རྐྱེན་ཞི་ཞིང་ཕྱུན་དུ་འཚོ་དགོས་ཕྱིར་སྐྱག་པའི་ལྔ་
འདི་ཉིད་ཀྱི་བསྐོམ་བཟླས་ལ་འཆོན་པར་བྱ་རྒྱུ་ནི་ཆེའི་སྙིང་པོ་ལྔ་བར་གྱུར་པས་ཐུགས་ལ་ནན་ཏན་
འཆལ། ད་ལམ་སྒྲོལ་དཀར་ལོད་བཞིན་འཁོར་ལོའི་ཚོག་ལགག་གཤིས། འགྱེལ་བ་དང་བཅུན་འཕྲིན་
ཡིག་ཐོག་ཏུ་བསྒྱུར་བ་འདི་ཉིད། སྔར་ཡང་ལུགས་བསམ་ཆེ་བའི་བླ་མ་ཚེ་རིང་ཆོས་སྒྲོན་ནས་རྒྱ་སྐད་ཐོག
ཏུ་ཕབ་བསྒྱུར་མཛད་ནས་དཔར་བསྐྲུན་བྱེད་པའི་བསོད་ནམས་ལ་རྗེས་སུ་ཡི་རངས་དགས་ཐུགས་རྗེ་ཆེ་ཞུ
རྒྱུ་དང་། དེབ་འདི་ཉིད་བསྐྱགས་ཤིག་ཉམས་སུ་ལེན་བ་རྣམས་ལ་ལུགས་པའི་ལྔ་མཆོག་འདི་ཉིད་ཀྱིས
བྱིན་གྱིས་རློབས་པའི་སྨོན་ལམ་བཙལ། སྤྱར་སྐྱབས་པ། ཚེ་དང་བསོད་ནམས་མི་ཆོའི་བཅུད། །ཚེ
རིང་ནད་མེད་བར་ཆད་སེལ། །ཚེ་ཡི་ལྔ་མོ་ལུགས་པའི་ལྔ། །ཚེ་འདིར་འཀྲུལ་བར་བྱིན་གྱིས་རློབས།
།ཅེས་པ་འདི་ཉིད་དེབ་བསྒྱར་བ་པོ་དང་དཔར་སྐྲུ་ཚོགས་པ་བཅས་ནས་བསྐུལ་ངོ་། ༢༠༠༦སྦྱི་ཟླ

དཆོས་བཟང་ཉིན། །ཀརྨའི་སྒྲུབ་སྡེ་ཡིད་འོང་བསམ་གཏན་གྱིང་ནས།
གུས་མཁན་མིང་ཀར་མཐར་པས་བྲིས།།

[signature]

352 Meads Mountain Road, Woodstock New York 12498, USA
914 679-5906 www.kagyu.org office@kagyu.org Fax: 914 679-4625

A-1

中譯本序言

藏傳佛教不分教派許多偉大的傳承持有者，均修持此最勝白度母法而成就長壽，圓滿佛行事業。在寶貴的噶舉實修傳承中，無比的法王岡波巴，依此尊勝本尊修持，得以二次延長壽命。更且，第十六世嘉華噶瑪巴利佩多傑告訴創古仁波切：「欲廣弘佛法，長壽是必須的。是故，你應依止本尊白度母修持。」我個人的經驗，也是因修習此殊勝本尊，而得以延壽。不分教派的弟子與具信者，為使暇滿人生有義利，修學正法是很重要的。為了修學正法，我們必須享有健康、長壽，而且修行上無有逆緣，因此，精勤修持此殊勝本尊很重要。白度母二種儀軌及註釋最近以英文結集出書，現在，我的弟子喇嘛策凌虔心翻譯為中文，並承方廣文化出版社協助印行，我衷心感謝，並隨喜翻譯及出版的功德。我特別祈禱所有閱讀此書，修習此法的人，都能得到尊勝白度母的加持。頌曰：

人生精要福與壽，長壽無病障礙息。

主壽佛母殊勝尊，此世成就祈加持。

被稱為堪布名卡塔者
應方廣文化出版社與中文譯者之請求
寫於幽靜三摩地處噶瑪林閉關中心
時西元2006年3月20日

前　言

　　白度母法，在阿底峽、岡波巴和第一世蔣貢康楚等偉大上師的人生中，扮演了核心的角色，甚至對當代的許多上師，如卡盧仁波切、波卡仁波切及堪布卡塔仁波切等上師的人生都非常重要。藏傳佛教四大教派皆重視此法門，擁有源自相同傳承，但略有差異的儀軌。許多人修持此法門得到證悟，成就悉地。堪布卡塔仁波切在這些教授中曾一再提醒：「修持白度母法可以引導我們獲得完全的覺醒。」還能有比這更好的推薦嗎？

　　這本書集合了堪布卡塔仁波切對白度母的所有教學。我曾在三年閉關中修過此法，始終為此法的簡樸與奧義所吸引；並且很興奮有機會幫忙整理文稿，使更多人能接觸到它。在整理的過程，我發現這是稀有而獨特的教學，能激勵有經驗的修行人，也能鼓舞初學者。這是真正噶舉傳承的教授，一定可以利益任何接觸此法的人。

　　過去許多年間，仁波切曾經三次教授白度母法。本書的主要部分源自其中最深入且最詳細的一次，即依據1986年仁波切在紐約州屋士達鎮噶瑪三乘法輪寺，北美洲大寶法王的法座，長達一個月之久的教學所組成。1990年，仁波切在噶瑪三乘法輪寺又作了另外一次教學，並帶領白度母修法閉關。第三次是在2002年春天，仁波切在佛羅里達州檀壩市(Tampa)噶瑪三乘中心(KTC)一個週末的教學。這三次的教學，仁波切都是依據第一世蔣貢康楚仁波切的白度母修法註釋，與第八世泰錫度仁波切遍知滇貝寧傑 (Kunkhyen Tenpai Nyinje)所撰的儀軌來講解的。

白度母修法

1986年的教學中，仁波切在每一部分都重覆教授二次。依法本的順序講授時，他先就修法的某些方面作第一次的解說。幾天後，他會複習所教過的內容，再加上仁波切自己對那部分的註釋。我的處理方式是：如果第二次的解說能增加對法本的瞭解，就將它們合併在一起。但是若離開主要的議題，就將它們放在後面的註解中。關於原來教學的問答，我也是如此安排。如果有助於澄清並了解主題，我便將它們融入教學內容。但如果問題與主要教學題材沒有直接關係，就維持在問答當中。

在整理1990年與2002年的教學並謄寫成稿時，我很驚異地發現仁波切在2002年的教學與1986年所作的教學是相輔相成的。前一次所缺的細節，可在後一次教學內見到。而後一次所缺少的，則出現在前一次教學中。兩者都以軼事來說明，但故事不同，使這本書更為豐富有趣。雖然1990年的教學非常簡短，卻蘊涵著珍貴的見解與幽默，這些都收集在本書當中。總之，這三次教學的謄稿長達348頁。

藏文和梵文用一般發音〈英文〉，而不是照原文的拼法。已成為英文通俗用語的藏文與梵文字句、名詞，就不再用斜體印刷，但是其相對藏文或梵文則以斜體加括弧印在後面。不常用的字，對大部分讀者可能是新字彙，則以斜體印出藏文與梵文。

附錄A和B的修法儀軌，分別由錫度仁波切和蔣貢康楚仁波切所造。2002年堪布仁波切在佛羅里達州教學，曾逐行解說過錫度仁波切所造的法本。我依他的解說，編成法本譯文。本書快完稿時，我請求仁波切評論這兩份法本的異同，每次我問到這一點，他都回答說這兩份法本是相同的。然而法本的字句並不完全一樣，這是甚麼意思呢？我得到的結論是，仁波切希望人們了解他的教授同樣適用於這二種法本，而且它們是一樣的殊勝。修持此二者所得的加持與成果是相同的，並非某一法本優於另一法本；換言之，這是完全依行者的希求而修持，可以依行者最習慣的一種法本來修持，也可以交替修持。

從我個人的觀點來看，這兩種法本的異同各有其價值。錫度仁波切的法本比較正式，對明晰觀想的生起有很大的助益，特別是對於供養的觀想。蔣貢康楚仁波切的法本文字，優美虔誠，對增長虔敬，很有助益。雖然兩種法本都很簡短，但是蔣貢康楚仁波切的版本最短，時間有限時，不失為一種好的選擇。

如果你初次接觸此法，或許可以從錫度仁波切的版本開始修習，因為它對觀想的生起非常有幫助。此後，若已完全熟悉觀想，就可以交替修此二種版本，或僅修持個人較喜歡的一種。如果你是做白度母閉關，一天修二座或三座法，最好是在第一座時，依錫度仁波切的法本，而下一座時則依蔣貢康楚仁波切造的法本來修。在我的三年閉關期間，閉關的指導上師一開始便要我們交替修持這兩種法本。我現在還是這麼修的。

白度母修法

堪布仁波切無比慈悲，毫無保留地傳授了這稀有善妙的法門，令我震撼。此法門與教授是珍貴的寶藏，我衷心祈禱此編輯工作能使它們更易為人所接受，而且沒有任何的減損。我萬分感激有機會接下此項計畫，這是一件很有意義的事，在編輯過程中也助長了我個人的修行。編譯上任何的錯誤或缺失，全是我個人的，我祈求空行和護法的寬宥。

由於所有同修的努力而促成此書，願以此功德祈請堪布仁波切長壽，繼續利益無量眾生，他是真正的如意寶。緣於此，我希望讀者能特別注意到仁波切在書中提到的，應用白度母法門來延長我們上師們的壽命。我熱切希望這本書的每一位讀者能嚴肅看待此點，並應用這法門祈請仁波切及所有其他的偉大上師們長壽。基於此，附錄C是大寶法王於2002年5月為堪布仁波切新寫的長壽祈請文。

感謝堪布卡塔仁波切耐心地回答我無數的問題，也感謝仁千出版社(Rinchen Publications) David McCarthy先生無盡的幫忙與支持，還有我的摯友與啟發者Christin Van Anden，書末贊助者的回向一文，是她與白度母法門個人甚深因緣的證言。我也深深感謝我的丈夫，Lee Pritchard，因為他無間斷的慈悲與支持，才促成這一切。最後，但絕非最不重要的，要感謝—Ngödup Tsering Burkhar, Chöjor Radha和Lama Yeshe Gyamtso三位翻譯者出色的翻譯，還有紐約州屋士達鎮噶瑪三乘法輪寺，以及佛羅里達州檀壩市(Tampa)噶瑪三乘中心(KTC)慷慨提供文稿。

　　願所有閱讀、接觸、甚或只是聽聞此書的人，都能夠得到大利益。願無盡有情眾生都能因為修持此法門而獲得解脫。

噶瑪索南卓瑪 *(Karma Sonam Drolma)*

2003 年元月

感　言

　　這類性質的書代表許多人無比的奉獻與付出，我對他們的完美作品表達由衷的感謝，我曾與他們每一位密切地合作，深受他們利他與誓行菩薩道的精神所感召。

　　首先要感謝噶瑪索南卓瑪 (Karma Sonam Drolma)，她不倦與善巧熟練的工作實現了此書，不僅廣泛深入地編輯與整理題材，還翻譯了白度母的兩份法本，呈現在“附錄 A 和 B”中。此書的完成，是她對堪布仁波切無比虔敬的表現，以及將此教法傳揚給大眾的願望。

　　也要感謝 Louise Light 對本書的設計，包括每頁的安排，內部圖案和封面設計，這份成品是她非凡專業技巧與精力的證明。多月來，她以耐心和寬容專心致力於這一計畫的完成。

　　我要感謝 Kristin Van Anden 慷慨贊助印書，並奉獻她的文藝學養，以及幫忙編輯校稿；也要感謝 Daia Gerson 校讀全稿，並提出許多極具價值的編輯建議。

　　同時要感謝 Michael 與 Margaret Erlewine 提供了書內線條圖；喇嘛 Tsultrim 示範手印；Seichi Tsutsumi 拍攝手印相片〈中譯本手印，由堪布卡塔仁波切親自示範〉，並提供了仁波切優美的近照，分別印在封底及書內〈中譯本則在封面及書內；並感謝化育基金會提供十七世大寶法王近照〉。

　　還有 Pete Van Deurzen 拍攝了封面的白度母像〈譯按：英文版的封面〉，此尊佛像是2002年夏天弟子們供養堪布卡塔仁波切的生日禮物之一，同時還供養了許多祈禱文祈請仁波切長壽。我還要對本書原來教學的翻譯，Ngödup Burkhar 和 Lama Yeshe Gyamtso 獻上個人的謝意，感謝他們多年來對佛法不倦的奉獻。

　　最後，我要表達對堪布卡塔仁波切的感激與恭敬，祈願此書就像仁波切清淨深湛的生平與教學的寫真，能帶給無量眾生巨大的利益。

大衛　馬卡提 *David McCarthy*
仁千出版社　President, Rinchen Publications

堪布卡塔仁波切略傳

　　尊貴的堪布卡塔仁波切，於木鼠年(公元一九二四年)二月二十九日吉祥日清晨日出時，出生於東藏康區惹修地方一個中等遊牧家庭，取名爲噶瑪塔欽，後來簡稱爲噶塔（譯按：習稱「卡塔」或「卡特」）。

　　仁波切的雙親都是虔誠的佛教修行人，父親尤其尊奉文殊菩薩，總是不停地唸誦文殊菩薩經典，經常在清晨醒來時嘴上還持唸著經文。父親在他幼年時便教他讀寫，學習背誦佛教典籍，仁波切對學習表現出濃厚興趣。

　　小時候，仁波切一直很羨慕也很渴望像他的二位兄長般出家爲僧侶；因此，他十二歲即出家，隨後在寺廟經過六年的學習及修行。十九歲時，仁波切到楚布寺第一次見到同樣是十九歲的十六世大寶法王噶瑪巴。當時的大寶法王還很年輕，不能傳比丘戒，因此第二年仁波切便在八蚌寺，從第十一世泰錫度仁波切得受比丘戒。

　　受戒後不久，他的二位兄長說服他單獨閉了一年大日如來的關，那次的閉關激起了他終生修行的熱情。因此當一年閉關結束後，他便進入了傳統的三年閉關。出關時，他賣掉所有的東西並換成食物，計劃在叔父的一棟小屋內終生閉關。

　　仁波切在那兒閉關一年後，第八世察列仁波切(Traleg Rinpoche)召他出關，要他到創古寺新成立的佛學院研讀高等佛學。佛學院是察列仁波切建立的，由堪布洛卓惹色指導。堪布惹色曾直接受教於

白度母修法

雪謙嘉察仁波切，貝瑪南卓。(堪布惹色是貝瑪南卓的外甥，也是堪布剛夏 Khenpo Gangshar 的舅舅。) 仁波切在佛學院的五年中，勤奮研讀，嚴持戒律，對上師堪布惹色具大信心與恭敬。完成訓練後，得到堪布頭銜時已年近三十。

接下來是快樂又豐富的六年，仁波切隨侍於創古仁波切之旁，為學習侍者。他與創古仁波切一起旅行，教學相長，談論佛法。

一九五八年中國進駐東藏，仁波切的二位兄長先後遇難。仁波切和弟弟喇嘛索南秋達 (Lama Sönam Chödar)，隨從創古仁波切一行，盡其所能地攜帶佛像、法器與經典，逃了出來。同行的，還有 Zuru Tulku Rinpoche 以及年僅三歲的第九世察列仁波切。經過數月顛沛旅行，最終他們來到十六世噶瑪巴的駐錫地，位於拉薩附近的楚布寺。噶瑪巴警覺到迫在眉睫的危險，告訴他們必須立刻離開，前往錫金和印度。噶瑪巴給了他們五頭犛牛和一些必需品，一九五九年三月底，他們抵達西藏和不丹的邊界。

自西藏出走後，所到的第一站是達賴喇嘛和嘉華噶瑪巴在印度 Buxa 靠近不丹邊界地方成立的難民營。那原是英國統治印度時政治犯的監獄集中營，四個教派大約有一千五百位僧人住在那裏，他們不停地工作，重新整理各派的課程，教授佛學，盡力確保沒有遺失任何部分。當時一切的生活來源、食物和醫藥等，全出於印度及其他國家政府慷慨善意的支持。

炎熱的氣候和艱苦的生活環境，使疾病像野火般在難民營蔓延。在那兒的第八年，仁波切病得非常嚴重。一九六七年，他請求噶瑪巴允准他到錫金，那裏溫和的氣候或許有助於康復。經歷了困難危險的旅程，他來到隆德寺，在那兒住了五年，教導僧人，並協助當地佛教團體的行政工作。在隆德寺期間，他的健康依舊不穩定，病情時好時壞。最後，噶瑪巴派他去 Tilokpur 寺，那是大寶法王和阿尼帕嫫在 Himachel Pradesh 創立的尼師寺院，希望那裏能對仁波切的康復有所幫助。他在那裏待了一年，教導寺院的阿尼。由於該地水質與其他條件較佳，仁波切的健康開始改善，一切都很順利，但當他回到隆德寺時，健康狀況又再度惡化。

大寶法王派仁波切到不丹，希望仁波切在那裡能治癒病體。他在那兒幾年，但情況變得更為惡劣，最後不得不長期住院。徵兆愈來愈明顯，看來死亡似乎很快就要發生。他祈求大寶法王准許他去閉關，等候死亡的到臨。回應這請求，大寶法王在一九七五年擬了個計畫，派他到美國，如此他便可以得到所需的醫藥治療，噶瑪巴同時指派仁波切，代表出任北美洲尚待興建的噶瑪噶舉 (Karma Kagyu) 寺廟住持。

仁波切初抵美國時，身體非常羸弱憔悴，但在適當的醫藥治療下，他的身體開始神速康復。第一個月內，體重便恢復到長期生病前的狀況。一年後，竟奇蹟般地完全康復了。多年後，當他感謝大寶法王救了他一命時，大寶法王說，如果當時他留在印度，就一定會死。

白度母修法

剛到紐約時,在美國東北部仁波切只認識三個人——早一年來紐約的天津穹尼 (*Tenzin Chönyi*),還有喇嘛貢噶 (*Lama Ganga*)和耶謝南達 (*Yeshe Namdag*),後二人比仁波切早一星期到達。他們在紐約市成立第一個佛學中心,便是後來的噶瑪三乘中心〈 Karma Thegsum Chöling (KTC)〉。一九七七年,大寶法王第二次到美國弘法,在加州 Palo Alto, Santa Cruz、俄亥俄州 Columbus、紐約州 Albany 和麻州 Cambridge 成立了更多中心。有鑑於中心的成長,並依大寶法王的心願,他們開始尋找北美洲大寶法王法座的永久駐錫地。一九七八年五月,他們找到紐約州屋士達鎮群山間的草原山莊(Mead Mountain House),後來成為噶瑪三乘法輪寺(Karma Triyana Dharmachakra—KTD),並由仁波切擔任寺廟住持。

往後幾年,仁波切督導北美洲逐漸增加的中心 (KTC),並輪流到各中心展開廣泛的教學活動。一九八二年仁波切到南美洲,也在那裏成立了兩個中心。到了一九八〇年代中期,南、北美洲已有三十二個附屬中心,台灣有三個中心。那時,堪布卡塔仁波切每年一次或每半年一次到這些中心教學,同時也在人數日漸增多的 KTD 教學。

一九八一年的夏天,仁波切在 KTD 展開了傳統長期的密集閉關教學,為期一個月的年度課程,持續至一九八八年,教材包括:『阿彌陀佛儀軌』,『寶性論』 (the Uttara Tantra Shastra),『根、道、果』,『見、修、行』,『藥師佛法門』和『白度母法門』。

　　一九八九年起，仁波切將每年夏季的教學時間縮短，以配合從遠地來，逐漸增加的學生，這便是十天教學的源起。直到現在，教學活動都是在每年七月四日美國國慶假日時，配合釋迦牟尼佛初轉法輪日而舉辦。堪布卡塔仁波切的許多教學，都有中英文書本的出版。

　　仁波切的其他事業也同樣持久不輟，包括：個別輔導眾多初入佛門的西方與中國學生，以及設計、建築與裝修 KTD 在紐約州 Delhi 鎮 Karme Ling 三年閉關中心，並擔任關房指導上師。一九九三年一月，第一屆三年閉關在 Delhi 展開；第二屆於一九九六年十一月開始；第三屆於二〇〇〇年十一月開始（譯按：第四屆於2004年10月開始）。多年來，仁波切也親自參與並監督 KTD 新寺廟的建築、裝修、與佈置等各方面工作。

導 論

奠立修行的穩固基礎

　　佛法的聽聞、教授和修行都必須以利他的發心為動機，才會有意義與效率。佛教稱之為菩提心，或覺醒的心。少了菩提心，也就是說一個人的發心若是自私的，那麼無論修學了多久的佛法，都無法對消除我執有任何的助益，因此，將不會也不可能生起修行的功德。事實上，正是缺乏菩提心，才導致眾生如此的不快樂，只要眾生一日是自私的，一日只求自己的幸福，就將永遠得不到幸福，所做的每一件事，甚至是修行，也都無法令自己得到快樂。

　　要生起利他的發心，首先我們必須設身處地的觀想。當仔細觀察時，很容易就會發現，無一地、無一眾生不在受苦，且無一眾生不企求離苦得樂。不幸的是，幾乎無一眾生能得到他們所冀盼的，深切認知這一點，便是發起慈悲心與菩提心的基礎。

　　在藏傳佛教，"慈"的定義是希望他人能得到快樂；"悲"是希望眾生免受各種的痛苦。具有"慈"與"悲"的二種態度，同時發願欲令一切眾生免於一切苦，就是所謂覺醒的心或菩提心。過去的修行者如此發心而能修行證悟，未來的行者也唯有如此發心，才能修行有成。因此，修行是否能產生功德，端賴行者是否擁有菩提發心。

　　浩瀚宇宙，遍佈各類有情眾生，每一眾生都希冀幸福，無一想要受苦。但不幸的是，絕大部分眾生都不瞭解造成幸福及痛苦之因。雖

白度母修法

然他們追求幸福，卻不從事可引生快樂之行為。同樣地，他們雖然不希望受苦，卻行於導致未來痛苦的道上。由於無明及無明所造作的行為，眾生經歷了所有宇宙間存有的眾多苦難。

要從白度母的教授與修行得到最大利益，我們必須虔心誠意地發願，願能解脫所有眾生，去除眾生的無明，與因無明所導致的一切苦。此外，任何時候，在修行與學習時，我們都必須不斷地重新發願並堅定純淨的發心。

誰是度母，所行何事？

在詳述儀軌修法的細節前，我們必須瞭解誰是度母？她代表的意義？為甚麼這個我們稱之為『如意輪』或『白度母』的特殊形相的度母，是如此的靈效？瞭解這些後，自然會對此法生起信心及熱情。如果對法有熱情，就會去修習。若如實修法，就會得到利益。因此，我首先就此法的歷史作個簡介，以了解其重要性與力量。

度母法門非常深邃，無始以來，度母的主要本質，就是本初的智慧。我們無法說度母是在歷史的某一特殊時候顯現，或得到開悟。但可確切地說，由於善巧的能力，她是諸佛證悟智慧的化現，因為諸佛皆出生於本始智慧之中，因此度母被視為諸佛之源，這便是度母常被稱為諸佛之母的原因。如果分析她的名字，我們可更清楚明白她的本質。

　　藏文稱度母為「傑尊瑪‧帕瑪‧卓瑪」(*Jetsunma Pakma Drolma*)。「傑尊瑪」的意義是「尊貴的女士」。第一個字母「傑」(*je*)，蘊含高貴或尊聖的狀態，意指她是我們在輪迴與涅槃中所能找到的究竟皈依；第二個字母「尊」(*tsun*)，意義是"高貴"，尤指"道德"或"真實高尚"，意指她完全無染污，因為她沒有煩惱、無明等任何的缺失及污染；「瑪」是女性詞尾，此處譯為「母」。

　　名銜的第二部份：「帕瑪」(*Pakma*) 是梵語 *Arya* 的藏譯，意義是"高超"或"崇高"，她的崇高是因證悟了諸法的實性。由於她確實擁有證悟，也是究竟證悟的化現，她已超越一切無明導致的缺失與所有世間的過失。「帕瑪」(*Pakma*) 的第二個字母「瑪」(*Ma*)，意指母親，因她已證悟究竟本性，且與本性無二無別，她被視為是本性的展現；因此，依究竟義，度母自身就是法性，一切事物的浩瀚本性。她不僅是已證悟本性者，也是通達證悟時所必須了悟的，是諸佛之所以證悟的唯一對象，所以，我們稱她為諸佛之母。

　　最後，她正式的名字是「度母」(*Drolma*) 或梵文的 *Tara*，意思是"救度母"。雖然究竟上她是所要證悟的本體自身，但她並不是靜止的，而是主動的。她以方便善巧救度無數眾生出離苦難與苦因；此善巧包括不同形相的化現，廣大至涵蓋三界全部。因此，她是萬法究竟本性的具體化現，能令眾生證悟而得到解脫。*Drolma* 的「瑪」(*Ma*)，指她是女性形相的證悟者，她化現的所有形相皆是女性，度母

白度母修法

不曾化現男相。

在我們目前的世界中，尊貴的釋迦牟尼佛是佛法的創始者。當我們談到他的教法時，通常可分爲三個基本類別，也就是經、律及密續。密續方面，佛陀曾教導過許多的傳承，其中包括：事續 (*Kriya*)、行續 (*Charya*) 及瑜伽續 (*Yoga*)〈註一〉。事續最基礎，行續屬中階，瑜伽續最高深。瑜伽續又分三類：父續、母續及不二續〈註二〉。佛陀傳授的六百萬行密續，分屬此三傳承，度母法歸屬母續傳承。

度母法，最初是佛陀依本尊馬頭明王 (Hayagriva 或 *Tamdrin*) 之請求而講述的。在金剛乘中，佛陀經常是應特別請求而傳授特殊的教法。當有人請法，佛陀通常在傳法後，授與請法者負責保護該部教法。佛陀第一次解說的度母法，稱爲「哦炯續」(*Ngön Jung Gyu*)，意思是"本初的"，但也是"完整的"。"完整的"意指每一件與度母法相關的不同的觀想、咒語等都完全包括在內；而"本初的"是指，它是原始清澈的。

雖然究竟上度母是法性自身，沒有特定形相，也沒有特定顏色。然而，她出入三界，爲眾生所體驗，她顯現出不同的形相。「哦炯續」深入闡釋度母不同形相的清淨性，不同的度母咒語，以及度母的四種事業，其中描述的二十一度母，每一位有不同的形相、顏色及不同的特徵。

　　這些不同顯現的度母，本質上相同，但爲了滿足衆生不同的需求，同時也是善巧方便的表現，度母化現不同形相。雖然化現不同，但是本質沒有差異，正如五個人同時照一面鏡子，鏡子顯現出五個不同的面孔，有五個面孔，但並非有五面鏡子，鏡子雖祇有一面，卻能顯現出五個面孔。

　　再擧一例，虛空是無分別的。天空是抽象無形的，空間沒有形狀及結構，它不阻礙任何事物，要分割空間就必須要有阻礙物，這在文字上是矛盾的。然而由於世界的形勢，種族與國家的形成，創出空間的分隔。雖然實際上空間是不可分割的，但依據虛空下的狀況，美國可以宣稱說：“這是我們的天空”；另一個國家也可以說：“這是我們的天空”。實際上並沒有任何東西分割天空，但依據個別的環境狀況，便有此概念，認爲天空是屬於“我們的”，這並非天空有所不同。同理，根據各類衆生的需求，度母亦化現不同的形相。

　　度母的本質是究竟的，但世界是相對的。就究竟真實而論，度母的本質超越概念及相待。然而，相對存在的衆生只能以相對待的層次來瞭解事物。因此證悟的心——本元真性，也必須以善巧的方式表示，才可令只能以相對層次來瞭解事物的衆生心領略。雖然本質上度母超越顏色、形相的概念，但依上述原因，度母化現不同形相與顏色。

　　一般而言，白度母主長壽與本然智的開展；黃度母主福德、聰明

白度母修法

才智等方面的增廣；紅度母能懷攝一切情器界；黑度母具大力能清除缺失；綠度母則被視爲所有上述不同事業的具體化現。此外，度母也能現爲器世間，任何能利益有情、解除苦難的事物，都可以是度母事業與慈悲的化現。這類例子不勝枚舉，包括諸如醫藥、食物、飲水等。

引自原始的「哦炯續」，佛陀談論到白度母法門時說：「白度母能助眾生免於非時死」，她的特別作用是增長壽命。白度母心中有一輪，如法輪般，有八輻，輪上有根本咒的咒字，這就是如意輪。究竟上，白度母能救度眾生出離輪迴；相對上，她能消除障礙，成就長壽。

白度母法門簡介

白度母在印度是許多著名佛教學者及成就者的主要本尊。他們稱之爲 "含攝所有一切的本尊"，意指 "修一法成就一切法"。龍樹菩薩是眾多以白度母爲本尊的印度偉大上師之一，他成就了長壽悉地，活到六百歲。後來教法傳到西藏，許多證悟者也以白度母爲他們的本尊法。

自佛陀時期以來，最早記載此法門的典籍，源自一位印度班智達洛本那吉旺丘 (Lobpon Ngagi Wangchug)，或那旺扎巴 Ngawang Drakpa (*Vagishvarakiriti*) 的偉大上師與大成就者。這位大成就者接受佛陀所傳下的度母法教，而白度母也親自現身在他面前，面睹度母，

就如同我們彼此面對面親身見到一般地真實。因此，他不僅得到佛陀
傳承法教的利益，也親自得到度母的傳承。後來，他修持此法門得到
成就，圓滿證悟。這教法連續不斷地流傳下來，傳入西藏成為無間斷
的傳承。

　　那旺扎巴寫了一本書：『遮止死亡』。這是一部能增長壽命修法
的概要，包括有長壽佛、白度母及其他法門。此書不僅摘自度母密
續，更取材自許多其他的密續。書中某一章敘述白度母的基本修法，
是流傳至今大部分白度母法的傳承來源。白度母儀軌，是他的一位弟
子依據其上師所撰之『遮止死亡』而寫成。

　　在西藏，度母法的傳承可分為「遠傳承」(ringyu) 與「近傳承」(
nyegyu)。自佛陀時期起，迄今不間斷的傳承，稱為「遠傳承」。後
來那吉旺丘從度母親得傳承，進一步地印證並加強此傳承，時間上離
我們較近，故稱之為「近傳承」。

　　從那吉旺丘傳下來的度母教法與修法，傳入西藏後發展成六派，
全部具有大加持力。這六派全屬真正傳承，都是能成就本尊，得獲利
益的有效方法。其本質是一樣的，僅是陳述表現的風格不同，以及將
教法傳入西藏的譯師翻譯不同而已。就像一座山頂的雪溶化後，從六
個不同的方向流入六個不同山谷。這些雪河朝不同方向流，有不同的
名稱，它們的位置與外觀不一樣，但它們的本質是一樣的，因為它們
來自相同的積雪。同理，雖然有六個不同的教法，然而本質上它們是
相同的。

白度母修法

　　這六派傳承如下：第一派來自阿底峽(Atisha)。第二派來自哦大譯師洛登謝惹(Ngok Lotsawa Loden Sherab)，這一派被稱爲哦續 *Ngokgyu*。第三派由巴日大譯師(Bari Lotsawa)發展而成，稱爲巴日續 *Barigyu*，他與密勒日巴是同時期的人。第四派來自那仁千譯師 (Nakrinchen Lotsawa 或 Vanaratra)，稱爲那仁續 *Nakringyu*。第五派來自涅恩譯師達瑪札(Nyen Lotsawa Dharma Drak)，被稱爲涅恩續 *Nyengyu*。第六派是阿底峽的一位弟子在西藏所創，他名字是那究巴 (Naljorpa)，此傳承稱爲那究巴續 *Naljorpa Gyu*。

　　所有不同教派的西藏佛教都修持白度母。在我們的傳承，達波噶舉，白度母法傳自阿底峽，並且爲傳承所有偉大修行者所修持。這不間斷的傳承，即是噶舉上師的黃金念珠傳承。

　　更且，從十一世紀阿底峽去到西藏後，數世紀以來，許許多多的行者都證得世間與出世間殊勝的成就。「世間成就」，是指能在此世得到各種福祉、興盛，例如平息疾病與災禍，增長福德與財富，能控制生活中發生的各種事情，去除障礙等。而最上者，「出世間殊勝成就」，是指此世就證得與度母一樣的境界，或在二或三世間得到證悟。一旦得證白度母境界，只要輪迴不空，此人都將能不間斷地利益救度他人。

　　依此法門修行，無數行者都得消除原來可能導致死亡的障礙。這是很重要的，因爲一個人的業命或許本來可享長壽，但偶發的狀況，也可能在刹那奪走他們的生命。有些方法可以防止突發的狀況以保護行者，白度母法是這些方法中被認爲最首要的。

在下面介紹傳承歷史時，將更能瞭解這一點。蔣貢康楚洛卓泰耶註解白度母法時，提到傳承中許多修行者，曾因修持此法而征服了死亡之役，也就是說，克服了會導致非時死的障礙。有些行者在瀕危時，能延長壽命，還有些行者能添壽十年、十五年、或二十年。在下面我們都能讀到這些故事。

然而，請謹記於心，此法門的目的並不侷限於長壽的成就，或去除障礙而達長壽。如果僅止於此，對某些人而言，反而可能會造成問題，如果沒有其他的助緣，長命百歲有時反而會造成痛苦不堪！這法的範疇遠超此點。

如前提過，度母的本質是本然智，超越二元相待，是圓滿佛果的顯現，完全的證悟。因此，單依此法門就能成就證悟，獲致世俗與殊勝的成就。

白度母法的利益

修學白度母，可以成辦四種重要目的：

一、 修道上的進步，究竟得證；二、 利益他人；三、 護持佛法，爲法服務；而更重要的，四、 能助長佛法偉大上師們的健康與長壽，使他們的利生事業不受障礙。

白度母修法

　　對我們每個人而言，此世最重要的是享有健康與長壽。這就像如意寶，因為不論我們想達到的是世俗成功，還是佛法修道上的成就，長壽與健康是絕對必要的。譬如一個有錢、有勢、有影響力的人，這些資財對自己與他人能產生大利益，但若生命短暫，便毫無作用。

　　今日世界，有許多不同方法可以增長壽命與健康，如醫藥、飲食及適當的衛生。然而唯有佛法才能令我們得到長壽與健康的「悉地」〈註三〉(Siddhi)。這並不是說外在的條件（醫學、飲食、衛生）不重要，我們的確需要適當的外在條件才能幫助維持我們的生存。但外在條件與方法僅是開始而已，要達到健康、有品質的生命巔峰，我們還必須發展本具的內在潛能。人的生存是依賴健全活躍的生命力，生命力所依靠的不僅是身體外在營養的調理，也需兼顧內在的狀態。諸多佛教法門中，欲成就長壽，白度母法是最有效的！

　　長壽與健康也能使我們利益他人。活得愈長久，幫助他人的能力與時間也就愈久遠。此外，經由白度母的修習，我們也能影響他人的壽命，可以消除他人壽命與健康的障礙，如此，就可以幫助他們得長壽。

　　總之，白度母是個有力的法門，它能增長那些利益廣大眾生的成就者的壽命。由於精進的修行，我們能幫助所有偉大的上師，尤其是傳承的上師，如大寶法王及其心子們，以及所有實行無涯佛行事業，名望遠傳，不辭辛勞，四處弘法，利益眾生的偉大上師們。

簡言之，白度母以心中的咒輪爲象徵，被稱爲「如意輪」*yishin korlor*。因爲此輪既無始也無終，象徵她能圓滿一切願望，無有限制。依此輪的功德，以及我們真誠正確的發心，不僅長壽可以達成，每一善妙的願望也都能實現。

學生：一個人如果護生、放生的話，就能得長壽的果報。這是真實的嗎？這與白度母修法有何關連？

仁波切：未開悟的眾生為無明所縛，雖然想增長壽命，可是常事與願違。這是因為他們不瞭解獲得長壽健康的正因，其所作所為反導致生命的縮短。由於無明，造作不善的行為，如殺與盜，就會導致短命。

你所說的沒有錯，盡力護生與放生，就能得長壽的果報。相反地，殺害生命或幫助他人去破壞其他眾生的性命，殺業的果報會令人短命，並造成許多導致短命的違緣。因此就世俗面來說，護生、放生有助於增長壽命，去除非時死之逆緣。接受不殺戒的人，因持戒的果報也可獲得長壽。

能幫助防止損傷他人生命的違緣及威脅，並盡力護生與放生是很好的。但同時還需要將此功德回向給所有眾生，尤其是你想幫助的人。

前面提到，增長壽命與健康最有力的法門是白度母法。度母是完全證悟者，她化現女相，以母性的慈悲調伏威脅生命的種種惡緣。因此以我們目前的處境來說，最好的方法是兩者兼顧。也就是

白度母修法

我們應該結合白度母的修法，並且力所能及地護生與放生。

學生：作為一個初學者，我們可以立刻修學白度母法嗎？或者另有三昧耶戒，必須先做完四加行或其他準備法之後，才能有效地修學度母法？

仁波切：理想上，四加行或稱前行，依字面的意義，是指修一切其他法之前先修的法。但是白度母法並沒有限制僅有圓滿四加行的行者才能修習。任何人只要受過灌頂、法本口傳與解說，便可開始修習。然而若希望閉關密集修行此法，我強烈建議應先修完四加行。

　　無論如何，要有效地修習度母法，正確的動機與信心是必須的。正確的動機意指修法的發心是基於慈悲心與菩提心；信心是指確信此法正確有效。能將這信任或信心，專注於本尊及此法所源自的傳承是最好的。

學生：在前面的導言中，您提到白度母能現為醫藥，如此說來，白度母可能是醫護人員的絕佳修行法門。我們是否能將這法門應用於醫療環境中？

仁波切：絕對可以。我極力推薦醫護人員修習此法。你應該嘗試結合醫療的訓練，利他的發心，以及本法門的力量，將此三者融合於治療行為上。然而，若生起傲慢心，便將妨礙一切而起不了作用。

學生：您談到不同形相的度母。我聽說黃度母是增廣財富的，但您似乎說是增長智慧？或是我聽錯了？

仁波切：黃度母增長各種功德與善行，可以是任何方面的。

學生：如果我們的業力註定會活到某一壽數，為甚麼我在一些教法上讀過有些眾生會奪取我們的壽命？而今晚我又聽聞了對既定的壽命有增壽的方法？

仁波切：大體而言，你所說是正確的。我們每一個人都有命定的壽數，那是我們前世造業的果報。然而大部分人事實上都無法活到命定的歲數，因為障礙或違緣會導致早死。這就好像一盞油燈，若燈底還有油，沒有道理燈芯會被燒盡而熄滅。但如果刮來一陣勁風，縱使燈油充足，也可能將燈火吹滅。那正像是違緣或障礙，會使人在活到命定壽數之前便早亡。如果你能克服或避免令你縮短壽命的障礙，你就有機會活足了你業定的壽命。

更甚者，你可以增加你既定的壽命，我們所說的業遮蔽了我們的本性，它們是我們所造作行為的業痕。如果我們能消除一些往昔行為所產生的無明煩惱，那麼，它們對我們壽命所造成的限制也可以去除。有許多這樣的例子，或許最著稱的是蓮花生大士，蓮師清淨了所有一切無明，他並未入滅，至今仍活著。

達成長壽有許多方法，一般說來要從生死之因著手，那是往昔行為所導致的業，要清淨那些業還必須要有順緣，即是指物質條件，如醫藥與其他可提供健康長壽的條件。

學生：您說蓮花生大士至今仍活著，是指肉體仍活在此世上嗎？

仁波切：蓮花生大士(蓮師)還活著，是表示他並未捨棄當年他在西藏時的色身，他仍然擁有該色身。他不曾在任何地方留下肉體，並沒有蓮師的遺體。至於他現甚麼相？顯然他有能力可以顯現不同的形相。從他自己的角度與他人的角度來看，這顯相是很難抉擇的。關於他的行蹤，傳統說法如下：

　　蓮師在第九世紀離開西藏時去到所謂的羅剎島（the island of rakshasas），羅剎與人類相似但又不盡相同。有時羅剎被譯為＂食肉者＂，但因為他們是不同類的有情，並不適合這麼稱呼他們。因羅剎有可能噬食人類，蓮師說他若不前往該處，該類有情將控制此世界，將人類噬光。對羅剎言，蓮師是他們的統治者。至於蓮師所稱的羅剎島是否是這世界的一部分，或在何方？至今臆測不一。

　　對羅剎王相貌的傳統描述是相貌兇狠，具有九個頭等等。羅剎相信蓮師是他們的國王，服從他的一切指示。在西藏幾世紀來有許多故事，其中掘藏者及淨觀成就者曾飛到蓮師淨土，親見蓮師並領受教法。這些淨觀者，掘藏者，以及其他業力清淨的人，到羅剎島中蓮師的化土，仍可見到具相蓮師，而且，在過去幾世紀亦不斷有蓮師繼續出現於西藏的故事。

學生：他曾出現在西藏以外的地方嗎？

仁波切：當然！他從不偏袒任何地方。他曾說過有關他將在此世不斷示現的二件事。其一，也是經常被引用的一句話：「任何對我有信心的人，我都將會守護在他的門口。」另一則是：「每一個對我生起信心的人，都會有蓮師的化現在他前面！」他曾誓願，只要向他祈請，他都會以不同方式示現。至於向他祈請的是否為西藏人，是沒有差別的。

六個傳承及其歷史

　　如前所述，度母法門傳入西藏後，有六個傳承發展延續至今。所謂"不間斷傳承"，不僅是說一個人擁有度母儀軌法本並將它交給另一個人去抄印，如此輾轉相傳，所有字句都保存完整，與初傳入時一樣而已。

　　"不間斷傳承"是指上師了悟教法的真義後，傳給弟子，弟子經由修習也體悟了教法。根本上師是指能當面傳授法教的上師，而弟子在其指導、教授與解釋下修習，得到證悟。上師與弟子不是同一人，但他們經驗到相同的體悟。唯有如此，弟子才有資格持有傳承，也才能將傳承傳給他的弟子。教法的真義與了悟之傳續才是"不間斷傳承"的真正涵意。

　　瞭解根本上師與傳承上師的差別很重要。傳承上師上溯自印度大成就者洛本那吉旺丘，下傳至第十六世大寶法王，他們都連續不斷持有傳承。然而，傳承上師並不表示他們是你的根本上師。同理，你的根本上師並不表示他（她）是傳承的持有者。在一時期內只有一位主要的傳承持有者，而你某一法門的根本上師是指在他（她）的指導下，你得到教法並證得了悟。根本上師不一定是主要傳承持有者。

　　西藏流傳的六個傳承中，我們目前修習的短軌傳承稱為「卻陸」Chöluk，是源自阿底峽尊者的傳承。此傳承如何傳至阿底峽尊者，又是由誰傳續至今？如前所述，有近傳與遠傳的不同。遠傳源自佛陀時期而延續至今，近傳始於印度大成就者洛本那吉旺丘，或稱那旺扎

白度母修法

巴，在傳承祈請文中有他的名字。

那旺扎巴曾親睹度母，直接從度母得到完整的教法。因為他的完全證悟，人們視他與度母無別。他將此傳承傳給弟子金洲大師 Serlingpa (*Suvarnadvipi*)，一個有名的大成就者。再傳給阿底峽 Atisha (*Jowoje*)。阿底峽這一傳承是西藏最早翻譯、流傳的白度母法，同時也是最完整的白度母教法。

阿底峽尊者將傳承傳給西藏眾多有成就弟子中的首席大弟子種敦巴〈Dromtönpa〉，全名是種敦巴嘉哇炯內 Dromtönpa Gyalwa Jungney。種敦巴的了悟與阿底峽尊者無二無別〈註四〉。之後種敦巴將之傳給一位偉大的西藏佛教大師格西千噶 Geshe Chennga。千噶大師傳給另一位上師皆巴 Drepa，他是位大菩薩。種敦巴、千噶與皆巴，均屬西藏佛教噶當派傳承。

白度母傳承的第一個故事是關於噶當派上師格西皆巴的，他是岡波巴的上師。一晚，格西皆巴夢到太陽從西方升起，由東方下降。他去見上師格西千噶，提及此夢，格西千噶說：「這是很不祥的夢，這稱為'太陽墜入山谷'。太陽應該是在天空，不該在山谷裏；太陽應該從東方升起，西方降下，不應相反。這暗示你的命力被逆轉，簡言之，這是死亡的徵兆。」

上師接著說：「然而我們傳承有遮止死亡的甚深法門，尤其是如意輪的修法，那是白度母的名字。此法十分深奧，即使失去四肢，它仍能保住你的生命。」於是他將白度母的教法傳給格西皆巴。

不久，格西皆巴遇見一位瑜伽士，即拉柱地方的塔瑞哇(Tariwa of Lhadrup)。這位瑜伽士是個成就者，精通手相。他審視了格西皆巴的手相後說：「你與佛法有深厚的因緣，可惜你只剩三年可活了！」格西皆巴聽到這番話後，放下一切學問並決定：「如果只剩三年可活，我應將僅餘的時光專注於佛法修行——那是死亡時真正對自己有幫助的。」他決定去尋找一位證悟的上師，以便領受進一步的教法。於是他去見另一位上師格西列瑪巴 Geshe Lemapa。他告訴格西列瑪巴他所做的夢及手相等事。這位上師告訴他：「我們的傳承中，有一避免死亡的方法——『如意輪法門』！」之後格西列瑪巴就將此法傳授給了他。

從那刻起，格西皆巴開始精進地修習白度母法。十一個月後，他在定中親睹白度母，白度母告訴他：「你會活到六十歲，並且將會利益眾生。」當他六十歲時，他發現尚未完成利益眾生的誓願。因此他向度母再度祈請，又再次親見度母。度母說：「造一尊我的像，你就可以再活十年。」於是他恭繪了一幅白度母的畫像，並活到了七十歲。

七十歲時，格西皆巴覺得還未達成利生的願望。他再度向度母祈請並再次面睹度母，度母說：「再造一尊我的像，你就能再活十年！

白度母修法

」這次他以金屬鑄了一尊度母相，又活到了八十歲。

雖然他已活到八十歲，但尚未圓滿所有想做的事。這次他甚至不需向度母祈請，度母便顯現在前對他說：「很好，你若再塑一尊像，你將可以再活十五年。」格西皆巴在住處附近寺廟的牆上繪了幅度母的壁畫，他活到九十五歲。

這故事需要一點附註：如果格西皆巴的發心是自私的，他一開始就不可能親睹度母。只祈求活著是不夠的，他祈請長壽的目的，是為了圓滿利益眾生的工作。由於他的發心是利他的，因而他的修行很有效。

格西皆巴傳給了岡波巴，此傳承便由此進入噶舉傳承。岡波巴結合噶當傳承與噶瑪噶舉大手印傳承，自此二個傳承結合就如同兩條河流匯集在一起般。

白度母法在岡波巴生命中扮演了如同在格西皆巴生命中一樣重要的角色。岡波巴四十一歲時，有一天他正專心一意獨自閉關，定中見到空行母們預言他只剩下三年可活，他依舊繼續修行，從一地遷徙到另一地，更加精進地琢磨悟境。

那時格西皆巴已十分年邁，是位非常著名的上師，他因數次面睹度母而名聞遐邇，岡波巴決定向他求法。那時岡波巴相信自己三年後必死，他並不冀望延長壽命，但因格西皆巴是位偉大的上師，他想前去結個法緣，領受法教。

當他見到這位上師時，格西皆巴看著岡波巴說：「你是位不凡的聖者，我相信你的佛行事業必能利益他人！」岡波巴答說：「我不可能有時間利益眾生，空行母曾預言我三年內將死亡。」通常偉大的上師早年都精進於修學，後半生才開始轉動法輪，利益眾生，如果他三年內死去，將不會有充裕的時間來成辦佛行事業。

聽到這消息，格西皆巴似乎一點不為所動，他說：「不用耽心，就算他們把你抬到屍林，我們也能救你回來，即使你見到各種徵兆與必死的預言，我們也可解除它。我擁有這種教法可以傳給你。」說完後，他便傳授岡波巴如意輪的灌頂及教法。岡波巴修此法後，扭轉了原來可能造成他早死的障礙而活到八十歲。眾所週知，他的利生事業是深邃長遠的。由於白度母法在岡波巴生命中扮演如此重要的角色，此法門流傳至今仍為傳承所珍重持有。

岡波巴將此不間斷的傳承傳給首席弟子第一世噶瑪巴杜松謙巴，由他將證悟傳給卓貢仁千（Drogön Rechen，又稱為 Repa Chenpo）〈註五〉；卓貢仁千在得到完全證悟後傳給大弟子龐扎巴（Pomdrakpa）〈註六〉，由他再傳給大弟子噶瑪巴希（Karma Pakshi），第二世噶瑪巴；同樣地，噶瑪巴希傳給大弟子烏間巴（Orgyenpa）〈註七〉，由他再傳給讓炯多傑（Rangjung Dorje），第三世噶瑪巴；讓炯多傑傳給雍敦巴（Yungtönpa）〈註八〉，接著傳給了

白度母修法

若佩多傑（Rolpai Dorje），第四世噶瑪巴，由他傳給首席大弟子卡卻旺波（Khachö Wangpo），第二世夏瑪巴〈註九〉，再傳給了第五世噶瑪巴德新謝巴（Deshin Shekpa）。

此處需要重覆強調，這是教義與證悟不間斷的傳承，而非僅將一系列的知識從一位傳給另一位。這傳承是清淨無瑕的，它是真實與了悟的傳承，非僅是知識的傳達。上師與得受教法傳承的主要弟子毫無差異，無二無別，無法以知識或證悟的深淺來分別他們。

德新謝巴傳給瑞佩惹即（Rigpe Raldri），由他傳給第六世噶瑪巴通瓦敦殿（Tongwa Dönden），再傳給了奔噶蔣巴桑波（Bengar Jampal Zangpo）。奔噶蔣巴桑波是我們常唸大手印祈請文(Dorje Chang Tungma)〈註十〉的作者，他傳給郭殊利〈巴久敦竹〉(Goshri, Paljor Döndrup)第一世嘉察仁波切；嘉察仁波切傳給第七世噶瑪巴卻札嘉措(Chödrak Gyamtso)，由他傳給弟子桑傑年巴仁波切〈註十一〉(Sangye Nyenpa Rinpoche)，再傳給第八世噶瑪巴米究多傑(Mikyö Dorje)；米究多傑傳給大弟子昆秋延拉（Könchog Yenlak），第五世夏瑪巴。

昆秋延拉傳給旺秋多傑（Wangchug Dorje），第九世噶瑪巴，由他傳給第六世夏瑪巴卻吉旺秋（Chökyi Wangchug）；再下來傳給南達稱（Namdaktsen），再傳給大成就者噶瑪恰美〈註十二〉（Karma

Chagme)；噶瑪恰美傳給杜模卻傑仁波切(Dulmo，Chöje Rinpoche)，再傳下給第八世夏瑪巴巴千卻吉敦竹(Palchen Chökyi Döndrup)，由他傳給滇貝寧傑 (Tenpai Nyinje) 第八世泰錫度巴，他撰寫了我們現在修習的白度母日修簡軌（編註：此簡軌附在附錄A）；從他那兒傳到第十三世噶瑪巴都杜多傑 (Dudul Dorje)。

從上所述，有三位噶瑪巴〈第十、十一、十二世〉不在傳承內。因為在第十世噶瑪巴時期，地方動盪不安使他無法接受到傳承。而第十一世與第十二世噶瑪巴因為早逝〈註十三〉，也無法接受到傳承，但此殊勝傳承傳到其他偉大上師後再傳回給第十三世噶瑪巴。

第十三世噶瑪巴把教法傳給第九世錫度仁波切貝瑪寧傑旺波 (Pema Nyinje Wangpo)，他獲致完全證悟後，傳給了第十四世噶瑪巴帖秋多傑 (Tekchog Dorje)，並由他傳給主要弟子貝瑪噶旺察(Pema Garwang Tsal)，也就是第一世蔣貢仁波切——蔣貢康楚洛卓泰耶；他撰寫了白度母傳承祈請文，也編了另一本白度母簡修儀軌，在噶舉派廣被修習（編註：此簡軌請參考附錄B）。

蔣貢康楚將傳承傳給第十五世噶瑪巴卡洽多傑（Khakhyab Dorje）；從他那裏傳給第十一世錫度仁波切貝瑪旺秋嘉波（Pema Wangchog Gyalpo），再傳給欽哲歐瑟（Khyentse Özer）——第十五世噶瑪巴之子，也是五位第二世蔣貢康楚之一，駐錫於八蚌；由他傳

白度母修法

給了第十六世噶瑪巴讓炯利佩多傑（Rangjung Rigpe Dorje）。

依此，傳承不間斷地保留至今，我們通常將此比喻為：將一整瓶水傾入另一瓶內，瓶內所有的一切，每一點滴，全倒入另一瓶中。就這樣，文句、教法真義、口傳及證悟，保存完整，沒有間斷地傳了下來。

我個人是從前一世察列仁波切，察列秋吉寧瑪（Traleg Chökyi Nyima）處領受灌頂、口傳及教授的；察列仁波切從敦卓（Duntrö）仁波切得到傳承，而敦卓仁波切是蔣貢康楚洛卓泰耶的弟子。

學生：任何一位證悟的上師將傳承傳給弟子，都可稱為傳承上師嗎？

仁波切：在每一位傳承持有者的時期，成千上萬的人接受傳法，修行後，得到體悟。然而這些人中，只有最首要者被認定為傳承持有者。而同一時期在傳承內修行此法的其他上師，就像根本傳承的分支，一棵樹可以有許多樹枝，但主幹祇有一根。沒有主幹，就不可能有分枝，但分枝不是主幹。

就某方面來說，每一位傳承持有者都被當時傳承內所有修行者公認為根本上師，這與他們個人間的關係無關，這是因為傳承必須依靠傳承持有者而存在；間接地說，這裡存有一根本上師的關係，雖然傳承中每一行者都會視傳承持有者為根本上師，但以他們個人修行而言，他們可能另有直接的根本上師，直接從那兒得到個別教授與指導。因此，真正的根本上師是影響你一生的，並不一定是傳承的持有者，他就像是樹幹的分枝般。

傳承祈請文

　　白度母法正行的開始是傳承上師祈請文，如此做有數點理由，其一，傳承的每一位持有者都曾親驗白度母的淨觀，他們和白度母的關係很直接且具大加持力；另一理由是爲了加強信心，提醒自己此教法來自一不間斷的傳承這一事實——不間斷指的不僅是字句的流傳，更是真義的傳續。

　　傳承祈請文的開始是梵文 " NAMO GURU ARYA TARA YE " ，意義是 "禮敬上師及與度母尊"。祈請文的第一部份，包括前一章提及的所有傳承持有者的名字。你或許注意到從岡波巴起，次序依噶瑪噶舉主要傳承，即黃金念珠傳承，僅在第九世噶瑪巴與第六世夏瑪巴之後偏離主要傳承，在第八世泰錫度仁波切滇貝寧傑時又回到主傳承，持續到第十六世噶瑪巴利佩多傑。

　　接著唸誦："根傳上師總集聖度母，諸凡成熟解脫教傳義，圓具六次第者我祈請。"（頂禮所有根本與傳承上師化現的聖度母，與具成熟、解脫、教誡傳承的六派持有者。)雖然此儀軌強調依據阿底峽的傳承，但祈請文仍請求其他五派的加持。因爲所有六派傳承本質相同，同樣具大加持。

　　傳承有雙重作用：第一是藏文的「明卓」(min drol)，意指成熟與解脫。這是指初學者接受教法與指導後，虔心精進地開始修行，逐漸成熟，最後在一世中獲得證悟。"成熟"的例子，好比病人接受治療後開始有成效，痛苦減少，疾病逐漸減輕。而"解脫"是當治療之後，病人完全恢復健康。同理，實修的傳承能減輕我們的無明迷惑等，最後引導我們解脫。

傳承的第二重作用是教誡，或是藏文的「卡巴」(kabap)。許多偉大的傳承持有者在過去生就已成就此法門，他們一再地轉世為根本及傳承上師，維持這不間斷的傳承。由於他們前世已證悟、成就本尊，當上師向他們引介此法，他們立刻有了體悟。「卡巴」指的是弟子本具的證悟覺知，只需一點複習，無須太多訓練。

然後虔誠地祈請："究竟嫻習生、咒、圓次第，成就無死勝智金剛身"（請加持我能成就生起次第、咒語、及圓滿次第，並證得無死的殊勝金剛智慧身。）此祈禱文是祈願；以此染污之色身作觀想，以此染污之語持咒，以此染污之意修習生起次第及圓滿次第，終究證得超越生死的境界，這就是度母證悟的境界——法身。圓滿證悟的境界，所有無明染污都得到清淨。本性的真正境界就是金剛智慧身。

最後在證得此境界時發願，"生諸佛如意輪祈無別，任運成就二利祈加持"〈願我與出生諸佛的如意輪無二無別，能同時圓成二利益〉。這二種利益或目的是〈1〉自己圓滿的證悟，淨除所有無明染污；與〈2〉證得覺悟後，能應化眾生所需。二利的另一說法是，自利證得法身開悟，展現報身與化身來利益他人。

大部分的儀軌都以傳承祈請文開始，這是修法很重要的一部分。

不間斷的傳承有真實的價值，鮮活直接。當你在傳承上師眾前敞開自我，會有強大力量幫助你成就修行。因此，這是深邃真實的。如果你向一位沒得過教法，不是傳承持有者做相同的祈請，將無法得到相同的利益。正如種一粒砂一樣，不論土壤多麼肥沃，砂粒不會發芽。但當你在同樣的土壤中播了真正的種子，它們就會開始生長，因內有種子發芽成長所需的條件。

虔誠的行者進入道上開始修行，感恩傳承上師，虔敬地向他們祈求加持，就能因上師的無緣大悲與殊勝功德，得到傳承的益處。每一位傳承上師與度母都是無分別的，雖然他們每一位在世人眼中都示現死亡；然而實際上，他們是生死自在的。因此，行者可以很明顯地領受到傳承持有者的加持。欲證得修行的真義，這是首要的。

學生：成熟與解脫的過程如何發生？

仁波切：現在我們所擁有的色身錯綜複雜，有各種缺失，而我們執著此色身真實存在。藉由觀想自身為度母身，能使我們引生超越執著的經驗。如此，我們能生起一種境界，超越一般的限制，這方面我們稱為「生起次第」（kyerim）。另一方面，我們目前的言語充滿染污與缺陷，尋常話語的結果對自己與他人都無益處。如閒言閒語與挑撥是非會導致傷害，而且累積的習氣對未來更會造成無數的害處。我們通過持誦咒語來超越並清淨染污與扭曲的語業，這稱為「咒次第」（ngagrim）。

白度母修法

最後是「圓滿次第」 (*dzogrim*)，我們能經驗無執著及二元對立的觀想與持咒，安住於超越對待的境界中。所以，我們從觀想開始，最後甚至超越這一切，安住在無分別概念的究竟實性中。就某方面來說，這是有次第的。現在，我們正試著掌握這些次第，但這還不夠，我們必須真正落實這些次第，才能成就與度母無二無別。

當我們證得度母境界，就能獲得無死的成就。簡單地說，將更易瞭解："生死自在就是無死的真義"。到目前為止，我們對生死沒有控制的能力，完全由外在因緣，例如業力來決定。全依外力決定，我們註定會凋零。然而對於度母，或對於證得"超越死亡"境界的人而言，生死的經驗不是取決於外來的因緣。

一旦證到如此境界，生死的經驗將取決於自己。可以隨時示現死亡，或出生。如果能生死自在，那麼死亡或投生將不是問題，沒有痛苦，祇有在無法自主時，才會感受到痛苦與苦難。

當我們說所有傳承上師都證得無死金剛身，又說這些傳承的上師都圓寂了。這似乎互相矛盾，但其實並不衝突。就如說：有個人要開闢一塊地，上面有樹、石頭、野草等，如果他只有一把斧頭，那就只能砍樹；若想用斧頭割草或搬移大石頭，會很奇怪又困難。因為不同的工作，就必須要有不同的工具，工具不一樣可以達成不一樣的工作。就結果言，它們完成了闢地的同一目的。

　　同理，不同的眾生需要不同的方法來調伏。在某一時，對某一類眾生有效的方法，不一定對另一時另一類眾生有用，這是因為他們顯現的無明污染不一樣。因此，證悟者需以不同化現來達成目的，他們的各種化現都是為了利益他人。就上面的例子，鑽地的人就好比度母的心──超越死亡；他用來鑽地的各種工具，就像是證悟者的化現，工具不同，形相不同，但目的一致。

　　瞭解如何修行並實際去修行後，我們就能親證度母的本質。實證本質後，我們與度母和傳承持有者將無二無別。達到證悟後，我們將可免於生、老、病、死苦。更且，我們可清淨貪、瞋、癡三毒習氣。三毒或支分是我們所有無明、苦難的根源。

　　實證度母境界是必要的，因為我們無法以此無明之軀來行利他事業。當這些限制完全去除，我們就能不受限制，無盡地幫助他人，如大菩薩一樣不斷地利生。輪迴一日不空，利生的事業自然永不停息。

正行：皈依

傳承祈請文之後是皈依正覺者。此外，要生起覺悟的心念，即正確的發心或菩提心。兩者在大乘或金剛乘的任何修法中，都是一開始就必須具備的，才能算是正統。修法不具備這二者，就如行走在道路上但卻朝著錯誤的方向前進。

現在我們就如生重病的人，心為習氣與導致苦難的煩惱所苦，未來也將遭受痛苦，因此我們應如何做？應向誰尋求幫助與皈依呢？

一般說，尋求皈依是件熟悉的事。一生中我們都不斷地在皈依。譬如，幼年時，遇到危險、不順、不快樂、或需要安慰與安全時，我們向父母求取皈依、協助與保護。長大成人後，我們會依賴他人或事物為庇護所，使自己感到安全或受到保護。

有些人甚至認為大自然，如高山、大樹或海洋具有庇護的力量，將它們視為皈依對象。又有些人需要崇拜的對象，他們崇奉祖先，希望祖先能聽見他們的要求，保護他們。還有一些人轉向世上著名的人物，那些行大善事者。因此皈依並不是新奇的概念。

從經驗中我們可以看到，一般被視為庇護者的，仍常有缺點存在。因為很明顯地，這些人或物無法究竟為他人去除苦難，獲得自由。不僅如此，仰賴他們，常會使我們遭遇更多困難。或許剛開始似乎有些利益，這是因為我們有希冀之故，但長久來說，受到的危害將遠大於益處，這是因為他們自身仍有缺失之故。

白度母修法

因為這些皈依對境本身仍有染污，仍受到輪迴的限制，他們尚未能從我執與無明中得到解脫，因此他們如何能夠幫助我們獲得自由呢？當飽受無明習氣之苦的我們，去尋求皈依對境的啟示時，若皈依對境也示現同樣的煩惱習氣，則問題不但解決不了，而且只會加深。再以病人的例子說明，如果我們求助於一位所謂的醫生，他雖然博學多聞，卻不清楚哪一種治療對哪一種疾病有效，或是引起某種疾病的原因為何，那對我們是不可能有幫助的。

很明顯，不論擁有多麼廣博的知識，大部分的眾生都沒覓得正確的皈依對境。因為缺乏適切的引導，沒有生起智慧以瞭解什麼是真正的皈依對境，他們缺乏智力看透粗劣的相對事實。

真實皈依對境的特質是甚麼呢？首先，真實的皈依對境自身必須已淨除引致痛苦的煩惱及有害的習氣，這是千真萬確的。如果我們想從痛苦、缺失的究竟根源處得到自由，我們必須尋求已得解脫的皈依境。唯有如此，他們才能給予有益的啟發、助緣、與榜樣。其次，皈依對境必須以助人解脫苦難為己任，以此證明他們對眾生真正的慈悲與關愛。

在討論什麼是真正皈依境的特質時，我們開始瞭解，唯一真正的皈依境是佛陀。如多次解說過的，佛陀在藏文叫「桑傑」(sang gye)，「桑」字義是"清淨"，此處指所有染污完全清淨，因此，它意指從所有習氣、五毒中得解脫。「傑」意思是"開花"或"開展"

，此處指完全的智慧和知識的綻放──完全覺悟的心。因此，佛陀是
染污完全清淨，並具有圓滿智慧與功德者〈註十四〉。

由於佛陀已無煩惱與苦受，可以引導他人到達相同的境界，這是
沒有任何錯誤或缺失者的最大益處，因此，佛陀是唯一真正的皈依
境。皈依時，我們認知佛陀的特質，發願追隨他的榜樣。要如此做，
我們需要他的引導與啓發。爲得到佛陀的啓發與引導，我們皈依他。
因此，我們不僅得到佛陀的啓示，我們也皈依他，這表示我們對自己
的生命有特殊的願景，我們嘗試要圓滿最究竟的潛能。

因爲佛陀是究竟明覺的典範，追隨他的道路是獲得解脫自由之
路。我們必須記住，一切諸佛過去都曾與我們一樣是凡夫，與我們相
同，他們也曾有痛苦和引生痛苦的習氣，他們運用適當的對治法，於
無明煩惱中不放棄解脫之道，終而究竟獲得完全的解脫、知識，與智
慧，這些都是他們開展而證得的。凡夫曾如此證得，因此，我們也可
以做得到，我們可以追隨他們的典範，他們的成就證明這是真實不虛
的。

皈依佛後，我們必須虔心認知能引導成佛的方法。如過去諸佛出
離苦海證得解脫，我們必須運用適當的對治法門，這便是爲什麼我們
要皈依法。法的藏文是「卻」(chö)，指佛的教法，佛所教授能引向
完全解脫〈註十五〉的道路或方法。

因此我們不應僅是敬佩佛陀，我們也應盡力去親驗佛陀所經歷過

的相同境界。佛陀已得證悟，證明了這是真實無誤的道路，是實用的方法。因此皈依法，就是認知此道路，並且誓願行於道上。這是皈依法的真實意義，不如此，就還不算是真正的皈依法〈註十六〉。這就如病人雖已請醫生診斷病情，但要真正治癒疾病，病人必須遵循醫囑進行治療。

大乘的皈依是從此刻起，直到我們完全證悟，也就是證得與佛一樣；換言之，直至我們證得全部教法，我們要恆常皈依。這樣的皈依是離苦得樂最明智實用的方法，絕非毫無實際重要性的模糊概念。我們以完全的信心皈依，相信生命中有某些事必須做，即是皈依。

兩千五百年前，佛陀應用了這些法門，現在我們無法得到佛陀親身的啓示，我們將如何在生活中運用佛法呢？這一點，我們與僧伽的關係是密不可分的。僧伽，藏文是「根敦」（*gendun*），從佛陀時期迄今，僧伽持有佛陀的教法與體悟，並保存了不間斷的傳承。若無僧伽引介修行的次第，我們將無緣修學真正的佛法。因此我們皈依僧。

僧伽是善知識的集合，是一切中最殊勝的團體、是積聚福德的基礎。由於偉大傳承持有者的努力，視教法的保存與弘揚爲責任，教法才得由不間斷的傳承傳下給我們。如此的作爲，他們成了最偉大的福德積聚處，這些僧伽是我們不可或缺的善知識，因此我們皈依僧。

從另一角度看，佛陀在世時，我們未能値遇佛，由於無明與煩惱，我們沒有業緣出生在佛陀的時代與地域聞佛說法。雖然佛陀已涅槃，但佛陀的教法因僧伽不間斷傳承的保存，至今仍然流傳。我們福德不足，無法獨立修學，沒有善知識的幫助，我們無法正確修學。由於善知識的慈悲，我們才能學習並瞭解佛陀的教法，最終將因修行而獲得開悟。

顯然，僧伽是不可缺少的。他們證明出離苦難與迷亂而得解脫是可成辦的事實。他們是修道上重要的一部份，指引我們修學的方法。這些善知識是我們的典範與啟示，他們持有教法傳承。皈依僧是認知他們的不可或缺，他們在此重要道上的角色，並且瞭解唯有依止僧伽的慈悲，我們才能經驗到教法的利益，這是非常實際的。

學生：佛的化身能知道自己是誰嗎？我們要如何認知佛的化身？他們彼此知道嗎？

仁波切：佛的化身能自知，但我們很難分辨，認知佛的化身。因為他們可以化現成任意形相，做任何事。唯一可以肯定的是，他們是現世或究竟利益眾生之源（或二者皆是），他們不會造作任何傷害眾生之事。除此概括的說法外，他們可以化現任意形相，做任何事情，因此我們無法認知他們。然而，佛的化身確實能彼此覺知，認出他佛的化現。

正行：發菩提心

沒有純正、無私、利益他人的發心，無法證得佛果。菩提心如一艘船，載我們航向成佛之途。由於對眾生發起圓滿的慈悲，諸佛證悟並得以出離苦難和煩惱，擁有圓滿知識、智慧和無量利益眾生的能力。如果我們希望修行證悟，最重要的態度是生起菩提心願。

我們的發願不應該有限制，必須生起欲成就一切眾生得解脫的態度、發心與誓願，不是只為消除他們的某些災難與痛苦，而是要解脫他們所有的苦難。

要能真正利益有情，我們必須廣積福德，而積聚福德最好的方法是發善願。因此，我們應將所有的善業，包括布施、持戒或其他波羅蜜行，聞、思、修佛法的功德，以及過去、現在、未來三世所積的一切福德，均迴向開悟證果。

我們愈早成就，就愈能廣利眾生。未得證悟前，我們愈能開展自我，就愈能成就利益，這是刻不容緩的，因此我祈願能迅速證得開悟。

為培養真實菩提心，我們唸誦思惟四無量心。四無量心藏文稱「切美息」(tse may shi)，思惟四無量心，可以瞭解眾生的本性，他們所經歷的、所需要的、應接受的、應捨棄的，如此作可以訓練我們正確的發願。

白度母修法

四無量心首先是"願一切有情具樂及樂因"。我們希望一切眾生都得樂,而非圍限於一個國家的人民,或特定的團體,不是特定的性別,也不祇是人類而已。我們是爲一切眾生發願,不論他們現何形相,在何處所,他們包括一切能感受痛苦、感受苦難,有知覺,有意識的所有眾生。

通常眾生視爲快樂的事物可能是未來痛苦之源,我們希望他們獲得的不是這類快樂。所有真正的快樂境界皆源自往昔的善業與善行,這是我們希望眾生能享有的,因爲它是現在與未來快樂之因及究竟證得佛果之大樂。如此修心可以開展慈悲,即藏文的「蔣巴」(*jampa*)。

四無量心第二句:悲無量心,悲,藏文是「寧傑」(*nyingje*),我們祈願"一切有情離苦及苦因",我們祈禱一切眾生無有餘,都能免受身體、精神及情緒的痛苦,包括因爲所需及所想的被剝奪了的痛苦,以及下三道眾生的極大苦楚等。

希望眾生不僅免受目前的痛苦,也希望他們能免於未來受苦之因。由於惡業,惡行是苦因,希望眾生能淨除所有引生各種痛苦的無明習氣與煩惱。我們熱誠地祈願他們現在就能解脫,這是一種承諾,而非僅是念頭而已。

當我們如是發願,爲所有一切無量無邊眾生發願,這就是無盡的悲心。悲無量心不侷限於某一類苦，譬如熱引生的苦或痛引起的苦而已，它包括了任何眾生可能遭受的任何苦。同樣地，也包括任何苦因——煩惱、習氣及無明，因此稱為悲無量心。

四無量心的第三點，喜無量心。喜，藏文是「噶哇」(gawa) "願一切有情不離無苦之妙樂"。喜無量心是前面二者之果，能具樂與樂因，離苦與苦因，便是佛果究竟快樂的體驗。覺悟之境即離一切苦，喜悅圓滿之心。此不同於一般世俗之樂，世俗之樂是不完全的，而這是完全的喜悅——圓滿的快樂——不受制於任何形式的改變、限制或苦楚。我們虔誠地希望一切眾生都能體驗這樣的境界，而眾生皆證得此境界的想法，即是我們的大喜因。

四無量心的第四點，藏文稱「當紐」(tang nyom)，表示 "捨"，但譯為 "無私" 更妥切。我們祈求 "願一切有情常住遠離親疏愛憎之大平等捨"。目前，我們常喜歡某些人，而不喜歡另一些人，經常有貪著、瞋恨的感覺，這是引起更多痛苦的原因，唯有住於無偏私之境，才得免於苦及苦因。

在捨無量心，我們不僅重申前三點的發願，無私平等對待一切眾生，也願一切眾生培養圓滿無私之境。要注意此處的無私，不是冷淡、漠不關心，或毫無感覺，明白地說，此處稱為 "大平等捨" 的即是無偏私之慈悲。

白度母修法

　　如此發菩提心，以四無量心的思惟來訓練我們的心。當我們修行有進步時，僅以四無量心來訓練自心仍是不夠的。如同啞吧不能與另一啞吧直接交談般，深陷無明煩惱的人無法解脫他人。我們還必須切實努力淨除自己所有的染污與限制，一旦得到解脫，我們將有能力利益他人。此法門是到達此目標的方便修行方法，具備了生起四無量心的堅固基礎後，我們就可以進入白度母如意輪的修行法門。

正行：生起次第 *(Kyerim)*

自生觀想

　　雖然大、小乘與金剛乘在根本的本質上是相同的，但是修法的著手處卻不一樣。大、小乘依現有直接單純的情境修持，在相對層次上，我們的心能立刻與之連結而觀修。然而金剛乘並不著重在因上起修，最後才究竟得果。它直接專注在果上，從此角度開始觀修。正如一位裝設燈具的人，他的工作器材有燈泡、電線、螺絲等，同時他心裏也很清楚，零件裝配好的結果將會是如何。同理，欲正確修持白度母法，應有適當準備，我們要調整自心與對於現象界的觀念以配合度母法門。

　　度母是諸佛之母，她是生出證悟的圓滿智慧。因此，修法開始時先持咒："嗡 修釀達 佳那 邊雜 梭巴哇 耶瑪郭 杭木"。經由咒語，我們觀修空性，爲自身生起本尊作準備。欲瞭解此重要性，就必須先知道我們所要對治的問題。問題的根源在於我們將所經驗、所看見的一切均視爲真實，認爲一切事物皆有自性，獨立於我們的認知外。錯認萬物爲真，煩惱由此生起，因煩惱而造作無明業。基於此，我們便在所謂的六道中輪迴受苦。因此，我們應對治的基本問題是，視萬物爲真實的錯誤認知，對治的方法是憶念萬物的真實本性——空性。

　　雖然初學時要如此觀修很困難，但這是絕對必要的。從實際的立場看，在開始修法觀想時，思惟空性能在心上產生空間，有助於觀想的形成。如此是必須的，因爲若在執萬有爲實的狀況下觀修，便無法作觀，觀想的形相會被執外界事物爲實存的想法所阻礙。

白度母修法

重要的是：我們應去除的障礙，不是事物顯相本身，而是心的堅實概念。初學空性思惟，並非企圖改變事物的顯相，而是要消除視事物的顯相爲堅固、實質、實存等習氣概念。

依此執實概念放下的程度，也就是對顯有的執著去除了多少，心中就能有對等程度的空間可用來作觀。因此，開始時的空性思惟，和接下來的生起次第及後面詳述的圓滿次第，同樣不可或缺。

觀空咒(*Shunyata mantra*)清淨外境與自心錯誤的概念，咒中含有萬法無常、因緣生、及無實性的正觀，以消溶染心之投射。以此 *Shunyata* "空" 一字，來認知諸法空性〈註十七〉。佛法之空超越二元極端，離能所對待，並非虛無之空。

隨著淨觀的開展，智慧(*jñana*)便會顯現，此即無二元執著之究竟明覺。不變易或堅固不能摧破（邊雜〈註十八〉或譯爲金剛）的智慧與空性，二者不可分的雙融，是諸法的本質(*Sobhawa*)。「耶瑪郭杭木」(*emako ham*) 這幾個字意思是 "我安住於" 不可摧的智慧與空性無分別中。持誦此咒語，並安住於心的無念本質——明與空，覺知萬象之本質爲智慧與空性不可摧之雙融，既是我們修持之起點，亦是修持的果位。

「觀空咒」(*shunyata*) 字面的意義是 "諸法與我皆是不可摧之空性智慧之化現。" 要知道，此咒並非具有魔力，能把一切事物變成空無所有，或將其溶化入空。空性並不是要把事物變空，空是它們原來的狀態。咒的目的不是要轉變事物，而是幫助憶念諸法本來即是的真正本性。

咒唸完後，安住於空性的體驗上。然而，住於空性並不是要想"諸法皆空"，住於空性就是安住於無任何思惟概念之中，不攀緣或執著於任何事物上地休息安止。這是指不執著於所知的境相，或執著於能知的心識。如此盡力安住是修法的第一階段，可以是刹那安住，也可以是長時間安住，任一皆可。

安住空性後，憶念諸法雖然性空非真實存在，但並不是空無一物。為象徵此點，從空性與智慧無別的狀態中，作為空性的表徵，心的本性〈註十九〉以"吽"(HUNG) 音生起。字母「吽」，在此表示聲音，不是可見的字母。「吽」音似雷聲，遍滿虛空。再從「吽」音化生出環繞的金剛護牆及帳幕。由心生出的金剛護牆及帳幕，是心的顯現，除心外無他。此部分的修持是要提醒我們，當我們認為空就是不存在，空無一物時，事實上，諸法之本性顯空雙運，無有例外。

護輪〈金剛護牆及帳幕〉呈白色圓頂狀，以如水晶般的白色金剛杵組成。下方是無法摧毀或穿透的金剛地基，十分平坦。地基中央平擺一巨大無比的十字杵，十字杵中間的空隙及其分出的四方空隙鋪滿了小金剛杵，而更小的間隙又充滿了更細小的金剛杵。如此，整個地基完整堅實，絕無間隙，無一物能穿透，以此形成金剛地基。

白度母修法

　　圓形金剛地基周界生起一堵三層的金剛牆，金剛牆的第一層由許多直立的金剛杵組成金剛圍牆，上面是平置的金剛杵砌成的圍牆。再上是由另一層直立的金剛杵組成，如地基般，金剛杵組成金剛牆的所有空隙，填滿了小與更細小的金剛杵。金剛杵間緊密接合，了無縫隙，連些微的風也吹透不入，完全密閉的保護著。

直立金剛杵

　　金剛牆上方以另一巨大的十字杵形成圓頂，覆蓋其上，十字杵的四錐往下彎，從內看呈凹入狀，由外看是凸起如圓頂。同樣地，大大小小的金剛杵遍滿所有的空間，無任何間隙，無物可透。

十字金剛杵

　　圓形屋頂飾以金剛華蓋，懸垂在屋頂下，如低垂的天花板，形狀如帳篷上弧形的遮布，也是全由金剛杵結成。在華蓋之上，真正的屋頂中央，有一直立的金剛杵，一半凸出屋頂上，一半在屋頂下方。屋頂上方的半金剛杵，尖端冒出燈燭般火焰。

　　觀想護輪由金剛杵組成，目的是為憶念金剛堅不可摧。金剛杵的形狀象徵著不可摧破──堅硬、強韌、不可動搖，不能被切割、破壞、或移動。代表穩固、永恆、無比堅韌與強硬。觀想這些金剛杵，如我們持用的金剛杵法器般。但切記，這是一種象徵，此處的堅不可摧，不是說有某種物質，堅硬不可被摧壞。而是指根本體性不可被摧毀，堅強、不移、無可破壞，絲毫不爲自然界或任何地方，任何力量所動搖。

五色的熊熊火焰，圍繞在金剛帳幕與金剛護牆外。若從外看，只見五色火的巨大半球。火焰順著時針方向環狀旋轉，無物能穿透，了無障礙，巨大無法想像如虛空。

詳知護輪細節很重要，因爲大部分金剛乘儀軌修法，都有金剛護輪，而且是相似的。熟悉一儀軌的觀想，有助於未來其他儀軌的觀修。

護輪中央現出 "仲" (DRUNG) 字，這是毘盧遮那佛 (*Nampar Nangdze*) 的種子字，此咒字化成本尊宮殿，如 "水月晶" 般組成。宮殿並不是真由水晶所造，它是超越物質的，如此描述祇是幫助觀想。水月晶是種自然顯現的水晶，映照如月光，透明堅硬，有些像透明玻璃，但帶些許白光，如月光般的閃亮。此處是個譬喻，"月亮" 意味著清涼、清新、清晰、白色和明亮。"似水之晶體" 表示它的清澈、透明、了無瑕疵。

仲 Drung

無量宮，藏文是 "峽耶康" (*shelyekang*)，表示它是超越我們尋常觀念的宮殿。字義上指無可限量、超乎想像、無法衡量的大宮殿。如天上宮殿般，非由物質材料建造，刹那由心生起。其建造不似一般房屋，而是任運剎那出現〈註二十〉。它不是由尋常分別概念的大小與實質建材蓋成，除了顏色不同外，它與藥師佛教法的無量宮是一樣的。

無量宮有四牆，四方各有一座牌樓大門，從大門進入，各有一寬闊門庭，成方型，上有頂蓋。四牆上方有開放空間，再上有四方形雕刻彩繪華麗的塔形屋頂。四週飛簷嚴飾，略凸出於牆外。置於四方牌樓門上的四條橫樑，與直立殿中央的四根八角柱，共同支撐著屋頂。白色的八角柱由種種珍寶造成，寶石珍珠之瓔珞飾以小鈴，從屋頂懸於牆上開放空間，無量宮內外皆璀璨明亮。

無量宮四牆，象徵慈、悲、喜、捨四無量心。朝向四方的四門，代表息、增、懷、誅四種證悟事業的圓滿。牆上方與屋簷間開放的空間，是空性的表徵。懸於屋簷與牆空間的珠寶瓔珞表示空性非一無所有，空性中有智慧。瓔珞上串著小鈴，象徵空性中法音無礙而常轉。

無量宮中央，行者觀想白色咒字 "榜"（PAM），轉化為一朵帶莖盛開的白色蓮花。蓮莖源自宮殿中心點，蓮花盛放，清新、龐大無比。此蓮通常稱具有千瓣，但無須細數。只要觀想蓮花完全盛開，具多重花瓣。蓮花上，觀白色咒字 "阿"（AH）在中央。"阿" 字化光，形成一無絲毫染污及不淨的滿月輪。月輪是一個無染污，完美的圓形白色光，位於蓮花上方之中央。

榜 PAM

阿 AH

月輪上面，行者的心識以白色咒字 "當" (TAM) 出現。
"當" 字是度母的種子字。先前，行者觀想一切溶入化
空，意義在思惟諸法空性。現在，依此思惟，行者專注觀此
種子字爲己之心識。這便成爲觀己爲本尊身的基礎。

當 TAM

"當" 字轉變爲一朵白色烏巴拉花，花的中心有一白色 "當"
字。無量的光芒從花朵，尤其是從花蕊中的 "當" 字放射出，形成
廣大的妙供養雲，供養十方諸佛菩薩。供養畢，諸佛菩薩身、語、意
均得滿足，行者因此聚積大福德。諸佛菩薩的加持力隨光收攝回到
"當" 字。

光再次放射，遍照下方六道眾生，如暗室中光亮的燈燭，帶來明
亮。光清淨了六道眾生的染污，淨除其苦難，並導其向解脫境〈註
二十一〉。光收攝融回 "當" 字，瞬間，"當" 字與烏巴拉花化爲
行者自觀之白度母身，端坐蓮花月輪中央。觀想不可有任何堅實性，
而應空、明、智慧無分別。

描述度母形相時，要特別注意，她所有身相特點，都是金剛乘方
法的善巧表現。本尊法是最深奧的方法之一，因爲身形代表真義或精
要。本尊的身形不僅是形相而已，它是一種工具，藉以善巧表現出真
實意義。

度母身色如白水晶，清涼、清新、無染、明晰、無絲毫缺失。她

發亮放射出五色光，象徵五智。並非她身體某一部份放射一種光，另一部份放射另一色光，而是從她的每一部份，彷如從每一毛孔，放射出無數白、黃、紅、藍及綠色光，猶如太陽光照射在水晶上，發出的彩虹或光譜般。

白度母

度母非常美麗，完全女性化現。她不僅形相完美，舉止更是高貴，容貌動人。更令人心儀的是，她散發著關懷與慈愛。她面容平靜卻不冷漠，帶著完全寧靜又非常慈悲的神情，好像人們關愛注視幼兒時的笑容般。度母的面容與神情，顯現出寧靜與慈愛結合的氣質。

傳統上為幫助我們從自己的角度來觀想，通常會說度母如十六歲的青春少女，沒有任何缺失。但更好的形容是說她超乎文辭的形容，對具分別概念的心而言，文字無法描述度母之美，只能說任何人若有幸能親睹度母，不論其苦痛或障礙有多麼強烈，都能見即解脫。一睹聖顏，動人心弦，令人無法抵抗，所有一切苦難，都不復存在，縱使前一刻才受到巨大的痛苦與災難，只要有幸一瞥度母，就能完全止息。

如此描述，是為幫助行者瞭解度母的形相，同時也為消除行者分別概念的限制。相反地，如果過度詳細地描述，或者依賴畫家所謂美麗的概念，我們將受囿於分別概念。度母的美超越這一切，具任何概念想法的任何人，都會認為度母美麗無比。如果行者親睹度母，定能解脫苦難。然而要知道，唯有清淨業障染污的人，才能一睹度母聖顏，因為他們清淨了所有煩惱染污，積聚無量功德，因緣成熟，才得親見度母。

度母形相有一部分較不尋常，她比我們多了些眼睛。我們大部分有二隻眼睛，她有七隻眼睛。二隻如尋常人般，而第三隻眼睛在額頭，呈直立；更且，雙掌中各具一眼，雙腳底中央也各有一眼，稱為智慧七眼。

我聽過其意義的一種解釋，但不曾在任何註釋中見到。此說法是：七隻眼睛象徵度母慈悲地注視著七種情境的眾生，引導他們得解脫。度母腳底的雙眼表示，她慈悲地注視最低下的地獄道與餓鬼道的眾生。雙手掌的雙眼，慈悲地注視畜生道與阿修羅道的眾生。臉上尋常的雙眼，慈悲地注視著人道與天道眾生。而額間的第三眼，慈悲地注視已證滅、涅槃，但尚未證得圓滿佛果的聲聞與緣覺的阿羅漢。

另有一說，度母臉上的三眼代表三身不分離，本明清淨，不受染污。手與腳上的四眼象徵四無量，慈無量、悲無量、喜無量及捨無量。

度母右手結勝施印，掌心朝外安放右膝蓋上。勝施印，象徵她給予眾生一切所需與所缺，代表施予善巧、啓發、證悟功德、及各種善行。這是完全覺悟的心的表現，也是眾生最需要而缺乏的。

度母左手拇指與無名指相捻置於心間，捻持一朵白色烏巴拉花的花莖，花朵在左耳際盛開。拇指與無名指相捻持花莖，象徵著諸法與本性不可分離。花莖執於心間，代表度母的心從不曾與法身分離，代表法身與色身〈註二十二〉無二。

度母左手伸直的三根手指象徵佛、法、僧三寶，以任何所需方式利益眾生。他們不僅可示現為佛、法、僧，也可示現為各種能利益眾生的形相，甚至如尋常的食物、飲水與昆蟲。因此度母因應眾生所需，化現三身或任何形相。

然而不論度母示現任何形相，她不受輪迴污染。在她左耳際恆常綻放的白色烏巴拉花，正象徵著此自在。雖然花朵出自污泥，卻不受污泥所染，象徵不受輪迴與染污的自在。

事實上烏巴拉花有三朵，中央一朵完全盛開，上方一朵盛開後略顯凋萎，下面一朵花苞，則正要綻放。這三朵花象徵度母無時無刻不在利益眾生。上面略凋萎的花朵代表過去佛之時；中間盛開的花，代表現在佛之時；而下面尚未開的花苞指未來佛〈註二十三〉之時。錫度仁波切的儀軌中提到花有一百瓣，此象徵多瓣，無需細數。

三朵花源自同一花莖，度母以特別姿勢於心間捻持此花莖，其意義是，雖然我們通常認為過去佛，現在佛與未來佛不一樣，或各具殊異，而究竟上他們與度母是同一體性。

度母穿戴瓔珞，寶飾莊嚴，有各種珍貴寶石，但主要是珍珠。頭戴有各種寶石綴成的頭飾——五佛寶冠，寂靜尊的法照上可見到這樣的寶冠。她戴有珍貴珠寶的耳環，短、中、長三串項鍊。短的項鍊繞頸，中的項鍊及胸，長的項鍊及臍。手臂在肘腕戴有釧鐲，腳上有踝飾。腰間圍了條織金錦緞飾帶，串成網狀般的小鈴懸掛其上，腰帶上飾以各種珍寶及貴金屬，全部有八種不同的珠寶嚴飾。

通常人們穿金戴玉是在炫耀財富或希望增添他們的容貌，度母無此概念。穿戴珠寶是她證悟功德與事業的表徵，息、增、懷、誅是證悟者的四事業。度母現寂靜相，主要以各種息法來利益眾生，珍珠為

白度母修法

其主要寶飾，即象徵此點。其他珠寶則代表增、懷二事業。度母也戴花鬘，尤其是在頭冠及長項鍊上，唯有天道才有如此的花。

度母披戴五件絲綢衣飾，法本並未全部提到，但行者對此應該有明確的認識。第一件是繫頭冠的飄帶；第二是繫在髮髻上的巾子，部分遮住頭髮，而披在背後；第三，白色絲質的寬鬆上衣，非常輕盈細緻，如天界的絲綢，非人間所有。第四，一條如彩虹般色彩斑斕、飄逸的絲質長裙，襯著一件藍色內裙，裙緣露於長裙外。第五，一條鑲花裙帶，先前描述的珠寶飾帶紮在上面，腰的部份很寬，有一條鑲花的長飄帶垂到腳踝，如絲緞繡帷般縫飾、鑲珠並串有小鈴。這條絲緞裙帶，在飄帶垂下的交叉處飾有三顆珠寶。

所有示現報身佛相的本尊都具相同數量的飾物，並以代表其主要事業的飾物為首要裝飾。此處瑩白的珍珠，代表度母息法的主要事業。若以飾物的的數量而言，度母與其他本尊相同，均具十三種裝飾。度母穿戴有八種寶飾，五件衣飾。依金剛乘，證悟層次有十三地。第十三地最高，代表圓滿覺悟的最高境界。

度母髮髻的梳法有二種解釋，原始的說法是髮髻紮在腦後，印度傳統的畫像都如此描繪度母。但當教法傳入西藏，有些傳承產生了改變，髮髻改為束在頭頂。

本儀軌忠於原始說法，法本清楚指出髮髻"繫在腦後"。度母頭髮，一半在腦後盤繞成髻，另一半自由披散於後，主要垂在兩側。盤繞成髻的頭髮，象徵諸法在究竟意義上回歸法身單一體性。在相對世界，諸法示現不同形相，但其究竟意義唯一。一旦究竟證悟，就不會退轉，因為證悟之心示現不間斷的證悟事業，度母的另一部份頭髮任運披散即象徵此點。度母自由披散於左右二側的頭髮，象徵著不離證悟的體性，示現報身與化身之形相度化有情。

度母頭髮深黑，細緻如絲緞，每一縷頭髮均完美不糾結，此象徵不滅。與其他顏色不同的是，黑色不為它色所改變，不受任何障礙干擾而改變或衰損，象徵證得究竟真義後不再改變、毀壞或污損。此象徵的含義非常重要，順便提一下，今日一些有天賦的藝術家喜歡各種變化，可能將度母的黑髮繪成棕色，這是誤解。因為這不是人類的頭髮，頭髮呈現特殊形式是有其意義的。

度母以完美金剛跏趺坐姿坐於月輪中央。她後面有一滿月背墊，這些象徵什麼意義呢？在最初描述度母時，我們提到她是法身本質，超越測度、時間與概念，不論度母示現何種形相，都不離法身。不離就是不滅，此即金剛跏趺坐姿的象徵意義。

度母背後的滿月也代表另一種不滅的含義。由於完全證悟，她有如月亮般放射出清涼、清新、寂靜的光芒，始終具有清新的特質。因此，她的事業也顯示寧靜、溫和、和清涼的特質。此特質不滅，並非一時有一時無，是隨時隨處都有，無法測度，無有窮盡。

白度母修法

　　須知度母身後的滿月背墊，並非指如椅背的靠墊。看似在她背後，事實上滿月如光圈，並非一平面，幾乎像是從度母放射出的燦爛光球。雖然看來像是在背後，就意義上說，光是在她的周遭。

　　如此，行者以每一細節觀己為度母的圓滿形相。雖然顯現度母，卻是空性，發亮如彩虹。中空的軀體內，額頭中央有明亮白色種子字 "嗡" (OM)，喉間有紅色種子字 "啊" (AH)，心輪稍下方有藍色種子字 "吽" (HUNG)；佛法中提到："嗡"是證悟者身的本質；"啊"是證悟者語的本質；"吽"是證悟者意的本質。在行者身體心間，觀想一朵白色蓮花，上有白色月輪，白色種子字 "當" (TAM)直立其上。

白色嗡

紅色啊

藍色吽

　　要謹記於心，本尊形相的每一方面都象徵著某種特殊而重要的意義。每一點都引介或表達究竟意義之見解，因此本尊身是深具意義的。祂不像肉身具有器官、骨、肉等，祂不受限制，不會毀壞，祂的形相超越這一切，表達究竟意義。

　　此外，如果行者觀修本尊時以自己作為依據，那是無法正確修持此法門的。譬如，當行者生起某種感覺時，就認為本尊也有此感覺，這是不對的。行者應該觀本尊相為究竟證悟的化現，超越分別念頭，然後行者才可以達到此種境地。由於行者從空性中觀修，生起本尊相，故此本尊相如鏡子般清晰，反射出光明的智慧與真實本尊的加持。

金剛乘的教法十分深遠精奧，從某方面來說，這也是其艱深困難的原因。因爲所觀修的不是相對存在的事物，而是不存在於相對面上的事物。透過此法，平常情境的相待性，被誇大到我們可實際感受到其相對的本性。欲達此，我們必須以不同於概念心習以爲常的方式，來訓練自己看事情。

另一方面，於小乘、大乘及經教乘中，所慣用的修法都是相對層次上的，下面舉例以闡明密續與經教教法的異同。譬如一堆砂石內藏有珠寶，經教乘找尋珠寶的方法是將砂石全部清除，去除所有砂石後，就可以找到珠寶。但是金剛乘的方法是保留砂石堆，而直接擷取珠寶。行者也許一探即得，也許拿不到，這是較直接的方法。但若懷希冀之心去擷取，而又沒得到，將會是非常沮喪而且痛苦的經驗。

迎請智慧尊

此刻行者也許會認爲觀修的度母僅屬想像，因此邀請真實度母，即智慧尊的降臨才會有幫助。行者觀想從三種子字及“當”(TAM)字放出白、紅、藍光到度母的淨土，以召請真實智慧尊。究竟上，人們認爲度母是諸法本性，無特定住處。然而在概念上，她住於波達拉(Potala)淨土，觀世音菩薩的淨土。

當行者持誦“邊雜 薩瑪雜”(BEDZRA SAMADZA)咒語並結手印時，度母智慧尊就出現於前方虛空，眷屬圍繞其旁。“邊雜 薩瑪雜"的涵義是："依您利益眾生的誓願，祈請您降臨。"度母智尊與自生觀想的本尊形相相同。行者自觀成的本尊是三昧耶尊(*samayasattva*)

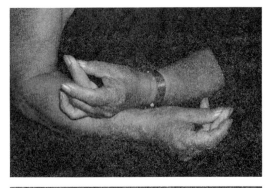

邊雜薩瑪雜之手印

或稱為誓言尊 (藏文稱倘企森巴 *damtsigsempa*)，意指行者觀已為本尊的誓願。智慧尊是江那薩埵 (*jñanasattva*)（藏文是耶謝森巴 *yeshe sempa*）。

從行者自觀的誓言尊心間化現八位供養天女，唸誦供養咒，此時每位天女向前方虛空的智慧尊各自獻上供養——供養飲水、浴水、花、香、燈、塗香、食物和音樂。供養時身、語、意應該完全投入。每一供養咒，口誦咒語"嗡邊雜 阿岡梭哈…"等，手結相對手印，意則如下描述作觀。

供養飲水之手印-阿岡

首先行者心間"當"字放出白光，光中化現一位白色供養天女，優雅美麗，珠寶嚴飾。從白色天女又再化現出千百位同樣的天女，所有天女都向前方虛空的度母智尊及眷屬獻上飲水供養，令諸尊歡喜。瞭解供養的意義很重要，度母並不需飲水，縱使我們不獻供，她也不會失望。我們獻供是因為那將能利益眾生，因虔心獻供的善行，智慧尊滿意，眾生的渴及苦得以舒解，它尤其能平息眾生渴求佛法甘露所受之苦。眾生之渴望平息，心生滿足，而得到解脫。行者獻供時發願，願所有眾生相對與究竟的飢渴完全止息。行者口誦咒語："嗡 邊雜 阿岡 梭哈"，同時虔誠地結手印，以雙手手指交叉，如獻供的杯子。

復次，行者心間"當"字放深紅色光，光中化出一位深紅色的供養天女，然後再化出千百位相同天女，手中各持有似盆的珠寶容器，內盛清淨帶香味的洗濯水。傳統上，這是本尊濯足水，以

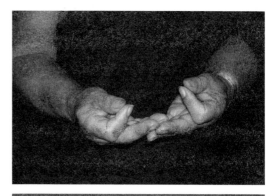

供養浴水之手印-巴當

此行者供養清淨水，並非度母需要此項禮物，相反，我們是因它能成辦之事而行供養。因虔敬供養淨水的功德，所有眾生之不淨與染污都得清淨，尤其是內在本具的煩惱，包括各種習氣都得清淨。行者供養時發願，願一切眾生都得清淨。行者口持第二個咒語"嗡 邊雜 巴當 梭哈"，手結手印，意依上述的觀想與發心，而行供養。

供養花之手印-布貝

第三，行者心間"當"字放白光，化出白色供養天女，如前白色天女又再化出成千上萬同樣的天女，雍容華貴、美麗無比，向度母及其眷屬獻上朵朵鮮花，將智慧尊高貴明亮的身上飾滿鮮花。花朵大小不一，顏色、形狀和香味優美絕妙。無量宮也遍滿美麗的花，都是自生的花朵。供養連綿不斷，無法度量。同樣地，並非度母執著於美麗的花而行此供養，反之，因此項供養的功德在相對層次上，使眾生獲得莊嚴的相貌。究竟利益上，令眾生獲得如佛陀般的莊嚴相、隨形好，與證悟印記。行者供養時，發願一切眾生得證佛果，相好莊嚴。如前二供，咒語、手印與觀想三者必須結合。咒語是："嗡 邊雜 布貝 啊吽"，此處手印如拋投花朵的動作。

下一供養是含有可愉悅心靈並提神香味的所有珍貴寶物，藏文「托色」(toksay)是描述所有這類成分的一種混合物。香是所有最好成分的混合物。同樣地，由行者心間"當"字放出深藍色光，化現

深藍色的天女,她再又化出
許多同一模樣的天女,全持
著香向對面虛空智慧尊及眷
眾獻供。由此供養的功德,
一切世間眾生不好的氣息全
部消除。不好的氣息指眾生
散發出壞的氣味,存於下三

供養香之手印-杜貝

道,令人不適的味道等。供養的利益,眾生四周充滿令人心曠神怡,
清淨的空氣。同樣地,咒語、觀想與手印必須結合。咒語是"嗡 邊
雜 杜貝 啊吽",手印好似握住一炷香。

第五,行者心間"當"字放出淡紅色光,化出一淡紅色供養天女

再又化現出千百位相同的天
女,全持著燈朝前面虛空的
智慧尊及眷屬獻供。燈散放
著清淨的光芒,代表帶給此
世光明的所有光與光源。相
對上,藉著此項供養的功
德,眾生遭受任何黑暗之

供養燈之手印-啊洛給

苦,例如在無光能透的域界所受的苦,都得以去除。下三道的眾生很
多都無法享有任何可放光之物,飽受黑暗之苦。燈的供養帶來了光
明,令眾生皆能看見,它也為盲者帶來光亮。究竟上,燈供養的功
德,能夠去除一切眾生無明黑暗。在眾生心中點燃真實智慧燈,智慧

燈是從無明黑闇中解脫之果。持誦咒語："嗡 邊雜 啊洛給 啊吽"，手印是像燈爐般有火焰突出，姆指代表著火舌。

第六，行者心間"當"字放出綠光，化現出綠色供養天女。她又再化現許多優雅美麗的天女，手中全持香水，是所有能發出最好香味的精華。每位天女以雙手獻上香水，供養智慧尊與眷屬的身體。行

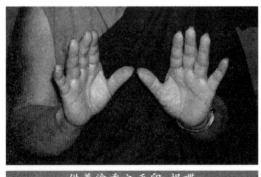

供養塗香之手印-根喋

者應以虔敬的態度祈願以此供養功德的果報，去除一切染污。染污指不如法的行為，破損戒律及乏道德紀律的行為。觀想所有的污點及造成的傷害都消除。口持咒語："嗡 邊雜 根喋 啊吽"，手印如雙手指沾有香水而欲塗上狀。同樣地，咒語、手印及觀想三者應同時進行。

此處需要澄清一點，香的供養是相對的利益。供養香的功德，眾生所散發不愉悅的氣味，及下三道不好的味道都得消除。而香水的供養，就另一方面說，是究竟的利益。藉此供養的功德，眾生因破損道德規律的染污得以清淨，這是究竟的利益。

第七，行者心間"當"字放出黃光，光中化現一黃色供養天女。再次，化出千百位如她般美麗的天女，全持著各種寶石製成的精

美容器，內盛食物供養智慧
尊及其眷屬。此是天道與人
間最珍貴食物的精要，清
淨、有營養、具療效。供養
的結果，令一切眾生，尤其
是下三道眾生，都能免於飢
餓與匱乏。因此相對上，它

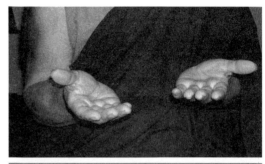

供養食物之手印-涅威喋

能使眾生免於現前的飢餓並去除受飢之因，究竟上，我們祈願一切眾
生，永遠不再需要依賴存在的相對食物，祈願眾生都親驗圓滿開悟，
享用不盡的禪悅之食，禪定證悟之食。咒語是："嗡 邊雜 涅威喋
啊吽"，手印是恭敬地捧持食物的姿態。

最後，行者心間放出淡藍色，幾乎是灰藍色的光。光中化現出一
位灰藍色的供養天女，雍容華麗。她又再化出無數一模樣的天女，以
音聲供養。這是所有最好聽的音樂，以及任何樂器所能發出的最美妙
之音。以此供養的善妙功德，消除一切會導致傷害的聲音，會引生恐
懼的字眼，如殺、傷、砍等也不再聞說。地獄道的苦極端強烈，所受
之苦無可比擬，那兒連聽到聲音都苦不堪言。這一切以及各處，不論
是自然界或是人們，有意無意地發出會引起苦受恐懼的所有聲音，全
部清淨，完全消除。

取而代之，世界、宇宙、眾生心以及周遭，全充滿了善妙的聲
音。一切聲音美妙悅耳，全是真實之音，美好之音，能長養善妙與和

白度母修法

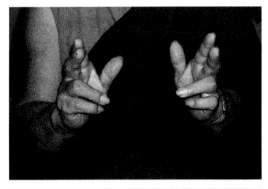

供養音樂之手印-夏布達

諧之音，充塞虛空。究竟上，所有的聲音都是法音，不侷限於語音及善知識教授佛法之聲音，任何聲響皆是法音。法音自發，可以是鳥鳴聲、樹葉沙沙聲、風聲或任何聲音等。熟悉阿彌陀佛法的行者知道，這些都出現於佛淨土中，正如在阿彌陀佛的淨土，任何音聲都是法音；重點是要將心轉去傾聽法音。此供養咒語是：「嗡 邊雜 夏布達 啊吽」。相對應的手印像在敲擊圓鼓，此代表所有能發出聲音的樂器。此特殊手印的理由是，佛教修法儀軌開始都先擊鼓，鼓開打後，其他樂器才跟著開始。

此階段供養結束後，觀想所有的供養天女融回行者心間。由於對智慧尊供養的吉祥善行，智慧尊化光融入行者。如此，智慧尊與行者自觀之本尊合一無別。咒語：「雜吽榜霍」(DZA HUNG BAM HO)，表示無分別。同時，結手印表示前、後、上、下都已經無二無別。

四個手印依序相對於 雜吽榜霍

接著的藏文，"尼速美巴究"(NYI SU MAY PAR GYUR)及其手印，表智慧尊與誓言尊不再是二者，他們已融合為一。如水融入水，已呈一體，再不能分別。雖然無法區分，但容量變得更大。行者顯得更光明燦然，

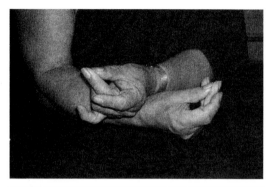

尼速美巴究之手印

猶如將燈火調高亮度，發出更大的亮光。此時思惟，從今以後，直至證悟，智慧尊將永不離身。

智慧尊融入自觀的度母後，行者思惟："我今即是度母，具有度母所有功德"，雖然外觀上行者血肉之軀並未真正消失，但不再注意此血肉之軀，行者認為自己即為所觀的度母形相。行者信認自己具備本尊所有的特質與性格，外相如度母，內則具有度母心續，其他如裝飾舉止等都相同，行者事實即是度母。

五方佛灌頂

接下是自灌頂成為本尊。首先，行者心間"當"字再次放光，照射到特定方向。一部份的光照到行者前方，可視之為東方，並不需是地理上真正的東方，行者前面即為東方。另一部份的光照向行者右邊，一部份照向後方，一部份照向左方，再一部份射向上方，如是迎

白度母修法

請五方佛及眷屬從宇宙的四方與上方降臨。光照射到五方佛的淨土，行者觀想光芒化為供養物品，供養五方佛，並恭敬邀請降臨，賜予灌頂。

五方佛接受迎請後，出現於行者前方虛空，每一位都伴隨著諸多眷屬。眷屬主要包括男女菩薩、勇父、空行以及男女忿怒本尊。五方佛是：佛父毘盧遮那佛(*Nampar Namgdze*)，佛母無上空性佛母(Dhatvishvari) (*Yangkyi Wangchungma*)；佛父阿閦毘佛 (*Mikyöpa*)，佛母佛眼佛母(Buddhalochana) (*Sangyechenma*)；佛父寶生佛(*Rinchen Jungden*)，佛母瑪嘛幾佛母(Mamaki)；佛父阿彌陀佛 (*Nangwa Thaye*)，佛母白衣佛母(BuddhaPandaravasini) (*Gökarma*)；以及佛父不空成就佛(*Dönyö Drubpa*)，佛母三昧耶度母(Buddha Samayatara) (*Damtsig Drolma*)〈註二十四〉。此即所謂的佛父母，「呀蘊」(*yab yum*)。"呀"是父的敬語，"蘊"是母的尊稱。五方佛的位置如下：毘盧遮那佛在中間；前面東方阿閦毘佛，南方寶生佛，後面西方阿彌陀佛，北方不空成就佛。

接著，如前向智慧尊獻飲水、淨水、花、香、燈、塗香、食物和音樂的供養，行者此時向五方佛及其眷屬獻上供養，持誦咒語："嗡 遍札 固拉（意指五佛）沙巴瑞瓦惹（意指眷眾）"，後面再加上每一供養。八供的每一供，都有與佛父母、眷眾一樣多數量的天女行供養，每一本尊都接受到個別供養。

　　然後，行者口持咒語："薩爾瓦 達塔嘎達 阿比肯雜 杜芒姆"，向五方佛部的部主祈求賜予灌頂，咒語意思是："願諸如來賜我灌頂"。祈請後，行者應感受祈求已被接受，五方佛將賜予灌頂，接著，行者觀想諸佛賜予下述灌頂。

　　首先，五方佛應行者祈請後，入禪定三摩地。於三摩地境，五方佛賜予行者真實勝義灌頂。行者唸誦這一段灌頂儀軌時，要觀想五方佛父在賜予灌頂時語此偈頌："猶如佛陀降生時，諸天即前請沐浴，如是以天清淨水，我亦若是請沐浴"。

　　此指佛陀降世時的神奇事蹟，當佛陀由摩耶夫人脅下出生時，莊嚴光芒四射，無人敢觸摸。此時無量天眾現身，供養清淨天水浴佛，以天界絲綢拂拭佛身，並獻上讚供。因此灌頂時，都會引此事蹟。灌頂諸尊說：如佛陀誕生時，諸天所行的浴佛，今日我亦以此灌頂水為汝沐浴。

　　五方佛母捧著充滿智慧甘露的寶瓶親作灌頂，她們將甘露從行者頂門梵穴注入，同時，男女菩薩為表示灌頂吉祥，朝行者擲花、舞蹈、唱頌讚文。男女忿怒諸尊守護外圍，令灌頂過程不受障礙干擾。

　　當五方佛母將甘露從五寶瓶注入行者梵穴時，行者應觀想清淨甘露流入身中，充滿全身，清淨所有煩惱染污。甘露持續注入，餘水由頂門溢出，化為阿彌陀佛為頂嚴。雖然五方佛部同賜灌頂，但行者頂嚴飾以阿彌陀佛，因度母屬蓮花部，其主尊為阿彌陀佛。一般說，阿彌陀佛是所有五方佛的化現。

灌頂圓滿後,男女忿怒尊化光融入男女菩薩,菩薩們依次化光再融入五方佛母,接著五方佛母化光融入五方佛父。然後,四位佛父化光融入阿彌陀佛,阿彌陀佛再化光融入行者頂嚴的阿彌陀佛。

灌頂過程最首要的是,行者要放下平時執此粗劣不圓滿的血肉之軀爲己身,以及此平常覺受爲己心的想法。觀修生起次第應試著泯除這些執著,而以本尊的認同取代之。

修法嫻熟時,行者將更能領略其深奧妙意,能親驗其善巧方便。就如行者初觀爲誓言尊,迎請智慧尊並與之結合成無二無別,**最終還與諸佛菩薩聖眾結合成一體,行者成爲佛菩薩的具體化現。**

此刻行者宜自認:"我即真實度母",超越輪涅一切境界,無一物勝此。因此除行者外,無需供養。確認行者即是真正本尊之事實,行者對自成之度母,諸佛的本質獻上供養,此是生起次第的最後一部份。

如前,從行者心間種子字,化現供養天女,手持著如前供養智慧尊的八種供養物品,觀想天女向自觀爲度母的行者供養。供養咒是:"嗡 啊呀 達惹 薩巴日 哇惹",依前咒"薩巴日 哇惹"指的是本尊眷眾。五方佛父母及其眷眾與行者無二無別,行者以阿彌陀佛爲頂嚴，它是所有佛父母眷眾的代表。因此，行者形相上化現爲度母，本質則是所有佛菩薩。供養咒語表示了這一切。

接著，當行者依儀軌唸誦讚文時，觀想主要的八位天女，一齊以優美旋律唱誦讚文供養行者，讚曰：“諸天非天服冠冕，屈躬頂禮足下蓮”。此處提到天與阿修羅，因爲人們視天爲究竟，是救主、守護神。他們也戴珠寶頭冠，象徵高貴的身世與力量，因此被世上認爲優越的眾生，以他們身體最高的部位頂門，向度母致敬意。他們以最高的部位觸蓮足，即度母最低下的部位，表達對度母證悟功德的敬意。如果天人對度母如此恭敬，那麼其他眾生對度母的虔敬更無需多言，因此所有眾生一致對度母禮敬。此處指度母無可比擬，六道眾生無一能與她相提並論。

讚文的下一句，可以瞭解向度母致最高敬意的理由。讚曰：“貧苦困厄咸救度，救度佛母我禮讚”。此處藏文“彭巴”（pongpa），通常被解釋爲“貧乏”或“缺失”，但它意指被剝奪或受苦厄的經驗。廣義地說，它包含了所有物質或精神方面，被認爲是苦的事物。那些向諸天尋求庇護者，或許可得到某些利益，但那僅是暫時的。因爲諸天自身尚未解脫，他們無法幫助任何人得到完全的解脫。相反，度母能幫助我們從任何困厄中得到解脫，引領我們達到圓滿開悟。因此，一切有情禮敬讚美諸佛之母——度母。

供養與讚頌結束後，天女化光融回行者心中，就如供養天女的讚頌，行者即是本尊，二者圓滿結合。以上總結了度母法的生起次第。

生起次第的三特質

修持生起次第的首要之務是精進堅毅。生起次第同時必須具有三種重要的特點：第一是"薩"(sal) 或 "謝"(sel)二種唸法皆可，意思是明晰；第二是"達可"(dak)，清淨；第三是"添"(ten)，堅固。我們必須努力圓滿此三項特點，才是正確的修持。

首先"薩"或明晰，就是要盡力觀想，做到清楚、逼真、鮮明。觀想應如明鏡映影，完全、清晰、生動，如其所是。或是像幅絕佳的圖畫，所繪形相，如真實般栩栩如生。

其次，"達可"或清淨亦即"淨觀"，表示觀想時，行者應認知觀修的本尊並非一實質形體，僅是本尊的顯相，如彩虹，任何處都無實質存在。如果行者陷於分別概念，執著於色、聲、味或觸，便將扭曲觀修而產生各種念頭，如"這形相不好""那形相好"等。如果生起這類念頭，行者應認知念頭本為空性，毫無實質，無非是本尊的智慧顯現。

第三，堅固或"添"，即堅固的自信或堅固的佛慢，認知自己真正是本尊。堅固的意義不僅是思惟"我觀想自己成度母"，或"我假想自己已成度母"，相反地要認知"我真正就是度母，具有度母所有的特徵與特質"。尋常不清淨的想法如"我不配為度母"、"我有這麼多缺點，如何可能是度母？"或"我僅是個初修行者"等都不應存在；捨棄這類尋常念頭極為重要。

此是修持生起次第的三個要點，三者一樣重要。但是特別要著重在淨觀，與堅固佛慢二方面，那是修持法門最重要的。

學生：初時，當我們將一切化空，應該將所有一切觀想為昏黑空虛嗎？

仁波切：昏黑空虛不是空性，它是有，因為昏黑是一種有，是一種特徵。空性是諸法的本質，無關於其特徵。因此與其嘗試觀想空性，你只要捨去對現象特徵的分別念頭，而觀想護輪、無量宮、蓮花、月輪、以及觀修的所有其他部分。它們都是本質的顯現，超越對特徵的執著。

舉個類似的例子，以眼睛來看眼睛自己，告訴我它像什麼？你必須讓眼睛來看眼睛。對此，你無法回答。此超出言詞，無法說明。接著用你的眼睛來看事物，當然你可以看見事物顯現。那就如在空性中顯現事物，這只是比喻，它與空性不同。

學生：當我們自觀為度母時，是否也同時觀度母於我們身外？

仁波切：瞭解"當"(TAM)是自己的心性，"當"字化為度母時，也就是你成為度母。不像有些法含有自生與對生的觀想，此處只觀自己為度母。

正行：咒次第 *(Ngagrim)*

　　現在我們解說修法的第二部分，持誦咒語。經由咒語的唸誦，行者逐漸接受到咒語的加持與力量。在第二部分的修法中還有些觀想，首先，在行者心間有更細微的觀想。

　　觀想時要盡力成辦明晰、清淨與堅固三要點。如前，觀想心間有一多瓣蓮花，上有月輪，再上有一白色八輻輪。此白色八輻輪與船的舵輪相似，但僅止於輪圈，沒有像舵輪突出輪圈的握柄。八輻輪平躺月輪上，明亮如彩虹，空無質礙。

嗡 *OM*

　　輪軸中央有一白色種子字"當"（TAM）直立，輕觸中心。"當"字上方有一"嗡"（OM）字，"當"字與輪軸的下方有一"哈"（HA）字。輪軸與月輪間有些空隙，因此"哈"字並未觸到輪軸或月輪。

當 *TAM*

哈 *HA*

　　長壽咒在輪軸的邊緣，以順時針方向（咒字朝內）圍繞著中央的種子字"當"（TAM），咒字直立如針插於針線包；"嗡 瑪瑪 啊優 奔也 加拿 補克進 咕如 哈"（OM MAMA AYU PUNYE JNANA PUKTRIM KURU HA）。大部分母續本尊的咒鬘都是順時針方向排列，咒若旋轉，則朝相反方向，亦即逆時針方向旋轉。同理，大部分父續本尊的咒鬘，以逆時針方向排列，咒字朝外，若旋轉，則是順時鐘方向旋轉。

白度母修法

　　咒字"瑪瑪"意思是"我"，若行者每日修持此法，或是為自己延壽修法，便保留"瑪瑪"二字。如果是為上師長壽而修法，可把"瑪瑪"二字改為"咕嚕"(GURU)，以此觀修唸誦。同樣地，如果是為他人修長壽法，可以其姓名取代之。如果不習慣改變咒語字句，也可維持不變。不論如何，咒語的效用是一樣的。長壽咒語的意義如下："啊優"(AYU)是壽命，"奔也"(PUNYE)指功德，"加拿"(JNANA)是智慧，"補_克進 咕如"(PUKTRIM KURU)意思是增長，意義十分直接。

OM	MAMA	AYU	PUNYE	JNANA	PUKTRIM	KURU	HA
嗡	瑪瑪	啊優	奔也	加拿	補_克進	咕如	哈

　　雖然咒輪上有"嗡 瑪瑪 啊優 奔也 加拿 補克進 咕如 哈"(OM MAMA AYU PUNYE JNANA PUKTRIM KURU HA)，但在特別長壽修法唸誦的咒語是："嗡 達列 都達列 都列 瑪瑪 啊優 奔也 加拿 補_克進 咕如 梭哈"(OM TARE TUTTARE TURE MAMA AYU PUNYE JNANA PUKTRIM KURU SOHA)。持誦此咒要加唸"梭"（SO）字，但依據度母壇城，心間的長壽咒鬘並沒有"梭"（SO）字。

　　輪的每一輻都類似金剛杵，接近輪軸處較細小，中間部分粗些，到輪邊又變細小。在每一輻最寬廣處輻背上，各有一根本咒的咒字

"達列都達列都列梭"（TA RE TUT TA RE TU RE SO），每一咒字直立如針插於針線包上，咒字朝內。

TA	RE	TUT	TA	RE	TU	RE	SO
達	列	都	達	列	都	列	梭

　　所有的咒字，中央的"當"與圍繞的兩圈咒語都靜止不動，色白、鮮明、光亮、晶瑩似珍珠，放射出耀眼的光芒。

持誦根本咒

　　持誦咒語包含兩方面：口誦與意觀。口誦時要避免混淆、含糊不清與不正確的發音。另外，速度不宜過快或過慢。唸誦時要能聽見自己的聲音，但避免太大聲，像在嘶吼，或太輕音而全然沒有持誦。

　　意觀如下：持誦咒語，使咒輪每一咒字都顯得生動。當行者持誦度母的根本短咒，"嗡 達列 都達列 都列 梭哈"（OM TARE TUTTARE TURE SOHA），咒輪上所有字母愈顯光亮，放射的光芒愈見燦爛。接著咒字放光，主要從"當"字，但也由圍繞的咒輪射出。光化爲無量的供物，供養十方三世諸佛菩薩。供養畢，諸佛菩薩的加持隨光返回，所有的咒字變得更爲輝煌明亮。

　　光再次射出，以無盡方式利益各道眾生，主要是增長他們的活力與壽命，但不止於此，每位眾生的需求都得豐足，知識與智慧增廣，利益深廣不可測。

　　光折返時，由於上供下施積聚殊勝功德之果，帶回諸佛菩薩之加持、眾生世俗與勝義的成就、以及輪涅眾生和宇宙清淨生命的精華。行者接受了宇宙與一切眾生世俗與勝義上命力的精華，這一切都集合於光中。

　　此涵括的範圍非常廣，包括輪迴中情世間與器世間的一切，也包括超越輪迴的諸佛菩薩、阿羅漢等的命力精華。所有這一切全融回行者心間的種子字"當"。由此，原本明晰光亮的種子字與咒輪，變得更為光亮鮮明、燦爛；行者成就了無死的悉地。

　　在此要瞭解重點，這並不涉及竊取，並未奪取他人命力之精華，令他們匱乏。事實上，放射出的光芒使其他眾生的命力更為強大，所享有的較前更為豐足。全宇宙充滿生命，活力遍佈一切，其中一部份的命力與光芒折回到行者身上，因此非但沒有竊取，事實上行者是增強他人的活力與生命。以此觀修，持誦咒語。

　　在持續誦咒時，可以將範圍觀想大些，慢慢地就會愈來愈清楚。初學者開始很難能在唸誦儀軌的同時，就觀想清晰。因此在持咒時，觀修生起次第是很重要的。行者可以從種子字開始，觀修到護輪，再逐步觀修到本尊的身相，在每一細節停留，直到觀想清楚。

稍後，行者的心更為穩定時，就有能力唸誦儀軌，同時觀修生起次第。那麼行者在持咒時，就能以更多的時間精益求精於自生本尊與無量宮部分。重複地觀想，使之更清晰、鮮明、與生動，生起自己即是本尊的堅固佛慢。

修習如度母這樣的法門，並不是要行者將心長久地安置在修法的某一部份，那是很困難的。因此，雖然儀軌描述，持咒時要觀修光的放射與收攝，事實上這只是觀修的一部份。最好的方式是從一處的觀想移到另一處。譬如，持咒初時，行者應該重複一下自為度母的基本觀想，度母的環境等，以期對背景有強烈深厚的感受。接著，盡可能地，專一安住在心間的輪軸、種子字、與咒輪的觀想上。一段時間後，行者感到枯燥乏味，心開始浮躁不安時，就依儀軌敘述觀修光的放射與收攝。

當行者對光收放的觀修心生煩躁時，可以專心安住在咒音上面，繼續持咒，或者也可將注意力轉回到本尊形相的各部分觀想。以這樣的方法，自生本尊的觀想，會因行者專注於某一特別裝飾、特徵等，而對那部分生起明晰的觀想。此時再移到另一細節，使整個觀想愈來愈清晰明顯，同時要常回到光芒的放射與收攝的觀修。如此，不要強制將心長久地停頓在任何部份，而是和緩地將心從修法的一部份移到另一部份。

從某一方面看，金剛乘的教法似乎很複雜，難以瞭解。但從另一

白度母修法

方面看，因為具善巧與方便，教法單純且深邃。同時，如果行者熟知某一種儀軌修法，將有助於瞭解其他法門，因為各種要素的意義都有其相同點。誠如偉大的上師噶瑪恰美仁波切所言：這就像砍切竹子，當你砍過一棵後，你就知道要砍在那個特別的枝節，而且知道它裡面是中空的。其後，你就瞭解所有竹子的特點，並且也知道所有其他的竹子也都是中空的。

修法的誓約與利益

根本咒必須唸誦一百萬遍，才算持咒圓滿；通常每個咒字要唸滿十萬遍。度母的根本咒有十個咒字，因此共須持誦一百萬遍。我們若欲修此法利益他人，一百萬遍的唸誦是最低的要求。所謂圓滿咒語的持誦（一百萬遍或稍後提到的一千萬遍），意指在一段時間，譬如閉關中完成，也就是藏人俗稱的 "在一座位上"。不是說在幾年之間，這兒一萬次，那兒二萬次，而是指在閉關的環境下，於一段時間內修完。

真正修行者，如法持誦一千萬遍咒語後，應該就能成辦所有四事業（息、增、懷、誅），廣利眾生，他們就成為「金剛上師」(dorje lobpon)。金剛上師能適當地顯現四事業，以此利益他人。真正的修行者於修法真誠精進，具清淨的虔敬心，好的修行者都應具備這些特質。相反地，一個人口誦咒語，心卻散亂，或乏虔敬，將無法有任何成就。

如我所說，成爲金剛上師最少要完成一千萬遍密續本尊的咒語，才能做灌頂。另一項要求是以時間來計算，依據情況及依止的上師，個人訂下一段時間的誓約，最少需要五年，但也可能是五到十年的時間，專修特別的本尊。當然，持守這類誓約的行者，咒語持誦將遠超過一千萬遍。此是成爲金剛上師最低的要求。

最高或真正的金剛上師不談論數目或時間。他或她不斷地專修一法，直到親見本尊。藏文稱之"謝達瓦"（*shel dalwa*）：面對面親見本尊。此爲圓滿證悟本尊。此法門的所有傳承持有者，都是真正的金剛上師，他們修法成就，證悟本尊，而且真正成辦利益他人的事業。

以我們的情形，最好能夠兼顧到數目、時間與證悟的徵兆三者。首先，我們應該誓言持誦咒語一千萬次。因爲持誦根本咒一千萬次，不僅完成咒語的數目，也成就咒語的事業。這是最低限度的誓約，因此我們不宜停頓於此。

其次，我們可以訂一段時間修習此法。在此段時間內，持咒可能遠超過限定的數目。第三，我們可以發願持續修法，直到有證悟的徵兆，直到親見本尊，此誓願可以終其一生。由於發願修行直到證悟的徵兆現前，萬一在面睹度母之前死亡，那麼我們應該至死也不放棄。

此法也可應用於現前世俗的利益，可用以去除障礙或改善我們的

白度母修法

情況，譬如去除疾病的障礙。為此目的，需要以完全真誠的虔敬和精進，閉關至少七天，才能克服任何可能的障礙，這是白度母法註釋上所記載的。我可用個人的經驗來保證，也見證過其他修行者成功的事蹟。

我不希望偽稱有任何證悟，但我必須告訴各位有關此法門靈驗的一個事實。基於某個原因，我確實不知為何，從早年有記憶開始，我一直相信自己六十歲就會死亡。我腦子裏常聽到這些話語："我六十歲會死。"彷彿是自己在對自己說話一般。我從不曾受過這樣的預言，沒有人預測過，我也沒有淨觀等。從幼年時，我就確知這一點。後來，在成長過程中，我跟隨許多上師學習。有一些上師告訴我說，他們覺得我活不過六十歲。

的確，當我快六十歲時，我開始遭遇一些嚴重的健康問題，一件又一件接踵而來，情勢相當驚人。我去見偉大的上師卡盧仁波切，向他請益。卡盧仁波切以及尊貴的嘉察仁波切都極力建議我，閉關一個月修白度母。他們二人都沒說，如果我如此做，就可以平服困難，活得更久。他們只說我應如此做，我覺得應該遵從他們的建議，所以我就在當時的住處閉關修白度母。

在閉關的前十五天，情況愈來愈顯困難，後來幾乎是閉不下去了。我變得愈來愈恐懼，懷疑屋內似乎存在某些東西與我同住。我沒看見，也沒聽到任何會令我如此焦躁不安之物。然而，我知道我已陷入全然驚惶的狀況。我非常擔心，不知如何是好。我幾次移動床的位置，但毫無幫助。雖然如此，我仍繼續閉關修法。在後半個月，情況開始平靜下來，驚慌、恐懼、和害怕開始消散，一切慢慢回復正常。我也得以完成閉關。

我當時遭遇的情形相當嚴重，那次白度母閉關至今已許多年了。我現在已78歲，健康仍然良好（譯按：2006年，堪布仁波切82歲）。我認為我現在仍活著，要歸功於傳承的加持，以及閉關修白度母的結果。因此，以我個人的經驗，我對此法門深具信心。

我不以為傳承或本尊教法有任何神奇之處，重點是要全然地將自己交付予他們。修法得到利益的多寡，其差別端在你自己對法開放的程度，以及是否將自己全然交付信賴他們。如果不能如此做，就好像一個緊密的容器，頂蓋如不拿開，不論倒下多少東西，沒有一樣能進入的。如果能具信心與虔敬來修習，此法門的靈效是無庸置疑的。

註釋：三種念誦法

我們現在開始講解蔣貢康楚的白度母註釋。它敘述三種持咒的方法，通稱為念誦。此三種念誦法在觀自己為本尊、咒輪、及種子字母方面與前描述一樣。

第一種念誦藏文稱做"恭得巴"即"修念誦"（gong depa）。此法行者持咒不發出聲音，心專注在咒語自發之音。咒語自己迴響發音，好像敲打金屬時，是動作令聲音發出，而非行者發聲。像風鈴般自發之音，以此專注於咒輪、咒字放光、以及咒字自發之音。

第二種念誦藏文稱做"多傑得巴"即"金剛念誦"(*dorje depa*)。修持這種念誦，需進一步的指導。現在一併包括在此教學內，等以後需要時，就能用上。此種方法也不需發出聲音持咒，行者呼氣時，觀想心間"當"字放光，供養十方諸佛菩薩，並且利益各道眾生；吸氣時，十方諸佛菩薩的證德與加持，以及情器間的活力精華，隨著光回到心間"當"字。在呼與吸之間，行者短暫地持氣，同時觀注心間的"當"字。

金剛念誦是持氣在臍間的特殊方法，是一種不同的呼吸方式，非我們慣用的呼吸法。作得正確時，是絕佳的修持方法。但是，這需要特別的教學與指導，不應輕易擅自嘗試。雖然牽涉到呼吸，但並不是在練呼吸。這是利用氣息，專注在"當"字，以及從"當"字放射與收攝之光上。等將來時機成熟時你們會得到教導的。

最後，註釋上提到第三種念誦，稱為"放收念誦"或"卓杜得巴"(*tro tu depa*)，我們將依此法修習。此種念誦包括了身、語、意三門，語要發聲，手持念珠，意專注在光的收放等的觀想。重點是對觀修的每一部份都要保持覺知。

此觀想共有兩重。前面講解法本時，對此沒有特別清楚說明，註釋本中有較詳細的解說。註釋中提到此處的觀想有二部分，每一部份又分二階段。

首先，行者持咒時，光由心中"當"字與咒輪向十方射出，對諸佛菩薩行無盡的供養。包括所有一切值得供養之物，即任何能令諸佛菩薩身語意愉悅之物。有些法門對此有很詳盡的觀想：包括了從每一道光芒出現供養天女，供養不同物品。然而，此處較簡單，光就是各種供品的化現，並不需具體觀想任何值得供養的物品及供養物的多寡等。放光供養後，光收攝回行者心中"當"字，同時帶回了諸佛菩薩的加持與智慧。

第一部份觀想的第二階段：光再度放射，利益六道一切眾生。通常修持度母法是爲了延壽，但度母的事業不侷限於此。光實現了所能想像的各種利益，任何有情所需或有益的，包括引導眾生達至殊勝證悟。當光再收攝回"當"字與咒輪時，帶回了供養與利益眾生所積聚的功德。

第二部分的觀想也分二階段。首先，放光四射，照到外界所有器世間：岩石、湖泊、樹林等。當光照到時，它們的生氣大爲增長，然後光折返"當"字與咒輪，帶回了一切器世間的主要精華。這就像以一盞燈點燃另一盞燈，第二盞燈點亮了，但第一盞燈並不因此失去光采，也不曾熄滅。

在第二階段，光再度射出，這次光照射到一切眾生、情世間，藏文稱爲："有"(yo)，指任何能活動的。光增強了一切眾生健全的活力，眾生善妙的精華〈智慧、知識、健康、及所有妙德〉與光一齊折回，融回"當"字與咒輪，活力令"當"字與咒輪更顯燦爛。這些精華融入行者，但並非奪自眾生，這也像傳燈一般，由一盞燈點燃了另一盞。

以此，第二部分的二階段，行者首先觀修器世間的精華要素，接著是情世間的。從情器世間收攝回來的到底是甚麼呢？情器世間都是由地、水、火、風、空五大所組成。當五大要素平衡時，有生命的肉體，因爲要素完整存在，身體就能強壯健康。五大要素不平衡或消失時，就失去健壯，容易生病及產生各種問題。

自然界也一樣，樹木與植物有豐富的要素，當這些要素平衡時，它們就欣欣向榮地生長；缺乏平衡時，生長就緩慢或停止，事物也開始毀壞。所有器世間之物，甚至貴重的寶石與金屬也一樣，都含有元素的精華。因此，情器世間的精華指的是這些要素。此處我們所注重的便是這些要素的精華，這便是要收攝的。

三種念誦中，前二者修念誦與金剛念誦是資深行者所修習的，他們對心有較強的掌握，也較能控制心、身相續。因此，目前我們只修習第三種念誦"放收念誦"。

長壽咒的持誦

一般修法時，長壽咒"嗡 達列 都達列 都列 瑪瑪 啊優 奔也 加拿 補克進 咕如 梭 哈"（OM TARE TUTTARE TURE MAMA AYU PUNYE JNANA PUKTRIM KURU SO HA），持誦的數目是根本咒的十分之一，也就是說，如果十咒字的根本咒唸誦一千次，長壽咒就要唸一百次。長壽咒也有其特別的觀想。

若行者爲自己祈壽修持本法，自生觀想與前描述相同。行者觀自己爲度母，阿彌陀佛爲頂嚴，此爲五方佛族的本質。懷著虔敬、覺知的態度，行者誠摯地向頂嚴阿彌陀佛祈請賜予長壽的悉地（成就）。阿彌陀佛歡喜接受行者虔誠的要求，從其心中"舍"(HRI) 字放光，照射十方三世諸佛與菩薩。

諸佛菩薩的加持、世俗與勝義的悉地（成就）、輪涅相對與究竟的精髓，隨著光回照，化成白色甘露，流入阿彌陀佛雙手托著的鉢中。鉢內甘露開始沸騰，溢了出來，流入行者頭頂梵穴。甘露流入時不會有任何痛楚，不像沸油一般。甘露沸騰起泡，從鉢緣溢出，充滿行者全身。持誦長咒時，不斷觀想甘露沸騰、溢出、流入己身。行者自觀的度母形相因此更顯光輝燦爛。

若行者爲他人延壽而修法，儀軌法本的唸誦一樣，但觀想上有一點不同，有簡易觀法和繁複觀法二種。若爲上師或爲其他行者所尊

阿彌陀佛

敬且具信心的人修法，應採用繁複觀修法。即從修法開始觀自己為本尊時，行者同時為自己與另一人觀修整個生起次第，最後二者都成度母，圓具所有的裝飾等。另一人的位置不是特別重要，可觀在行者前方、右方、或左方，方便觀修即可。但要謹慎，不要錯認這是自生與對生的觀想。行者應該生起兩位平行對等的觀想，因為目的是要利益另一位。

當行者觀修到長壽部分，在自生度母的頂上有阿彌陀佛，而在另一位亦成度母的頂上也有阿彌陀佛。行者向阿彌陀佛祈請時，自己及他人頂上的阿彌陀佛皆應允了祈請，甘露分別由兩位阿彌陀佛手持的鉢內溢出，同時充滿了行者自身與另一位的身體。

另一方法比較簡單，整個修法與為自己求壽相同。阿彌陀佛手持鉢內甘露充滿溢出，流入自生度母身中。觀想要幫助的人以其凡夫身，現於行者前方略低處面對行者，行者虔誠祈請阿彌陀佛，經由行者賜予此人長壽悉地。

　　行者自成的度母是諸佛菩薩智慧與悟智的化現。甘露遍滿行者身
體後，由結著勝施印的右手指尖流出，甘露流入對方頭頂梵穴，充滿
其身，滌除所有消損此人長壽與健康的障礙。藉著甘露流入的過程，
去除了他們全部的障礙與疾病，得到完全清淨。最後，他們全身充滿
了長壽光明的甘露。

　　上述白度母日修儀軌，能夠成就長壽。根本咒與長壽咒持誦數目
的比例為十比一。然而，行者若特別為了祈壽而修法，譬如，如果是
行者自身或他人得重病，那麼長壽咒便應是主要持誦的咒語。

　　以上結束了修法的第二階段，「咒次第」(ngagrim)。

學生：在這些觀想中，僅是　“當”　字發出的光特別明亮呢？還是主
　　要的六個咒字？或是從較長的長壽咒？還是所有字都很明亮？

仁波切：燦爛明亮的光芒隨時都由　“當”　字發出。在你持某一咒
　　時，這個咒放射的光芒特別輝煌燦然。在觀想光的放射與收攝加持
　　及命力精華時，根本咒放射出最耀眼的光。然而持誦長壽咒時，兩
　　個咒同時放射出絢爛的光，因為你兩個咒都持誦。

學生：唸咒時，是否應該將注意力完全集中於如意輪與輪上每一個
　　字母？

白度母修法

仁波切：偶爾當你想再重新明觀咒字時，可以如此做。但不宜持續如此觀修。唸咒時注意力主要是集中於輝煌燦爛的光。藉著光，行供養、利眾生；光也帶回了加持及命力精華。但在觀修生起次第的各細節時，這僅是要專注的許多細節之一。

學生：以放收念誦方法持咒，是否每一次的念誦都必須做一完整觀想，包括放光、供養、利生，及最後收攝加持與情器界的命力呢？

仁波切：最重要的是隨時都能保持明覺。口中誦咒的數量應與你手撥念珠的數量一樣，應該持續而完整地誦咒，同時觀想。不需要每誦一次咒就做一完整的觀想，但觀想必須正確。正確明晰的觀想是重點，而非觀想次數與持咒數目相同。

學生：應使用哪一種念珠來修此法呢？

仁波切：以菩提念珠來修度母最好。事實上，菩提念珠是修各種法最好的念珠。其次是用事業念珠，如白色貝殼、白色水晶、或白色珊瑚做成的念珠來修度母。其它顏色的這類念珠，如藍色，也可以。要避免使用動物的角或骨頭做成的念珠。只有一項例外，有時在特別的情況下修憤怒尊時，可以使用骨念珠，可是也要非常小心。在那種情形使用的骨念珠必須是人的頭蓋骨做的。我提到這一點，因為現在佛具法器都是商業交易，或許有人會告訴你，這類念珠很特殊，具有神秘力量，然而那卻是你要避免的。

學生：我特別希望能為上師的長壽而修此法。您先前提到為上師長壽修法時，應該把 "瑪瑪"（MAMA）換成 "咕嚕"（GURU），如此做是最有力的嗎？

仁波切：將長壽咒中換唸 GURU 不是必須的，即便是為他人修此法，你也可以持誦原來的咒字，無需改換。有些人喜歡把 "瑪瑪"（MAMA）換成 "咕嚕"（GURU）來提示自己是為上師而修。但這沒有差別，這與法門的靈驗與否沒關係。

正行：圓滿次第(Dzogrim)

正行三部分中，生起次第與咒次第兩部分已教授圓滿。第三部分是「圓滿次第」(dzogrim)，意指漸次收攝觀想，溶回初起時的空性中。

這部份非常重要，因為行者觀想的一切並非實體，而是空性的顯現。換言之，觀想所見到的清晰顯現並不存在，雖顯而不實存。清晰的顯相並不阻礙其非實存，而非實存亦不障礙其顯相。因此，修法的極致便是將諸相溶回其根本自性，而安住在本性的體驗中。

圓滿次第包括了所有意想與實緣—也就是外在世界中所能認知的，以及行者內在心識所投射之一切的融入。首先，各道中的苦難，及各道中存在的每一物，剎那間都顯現為度母的壇城，因此外在宇宙與行者觀想的無量宮變成相同體性，而所有眾生都變成度母。

接著，行者思惟外界與眾生化光，從最外向內融入到「金剛護輪」(dorje sungkor)。一旦融入護輪，行者思惟護輪外不再有任何事物。然後護輪化光向內融入無量宮，此時無量宮外空無一物。到此結束外在融入的程序。

復次，自生本尊的居處或所依，無量宮，化光融入行者。此時，自生本尊之外，宇宙任何地方再無一物，行者成為萬物的化現。此時行者觀想由頂往下，由底向上，同時逐漸融入到心間。也就是說，從蓮花月輪往上融入，從頂嚴阿彌陀佛往下融入，直到剩下心中的白色蓮花、輪及種子字和咒鬘。

　　接著，蓮花融入月輪，月輪融入輻輪，輻輪融入咒輪，而咒輪依序由外圍咒輪融入到內圈咒輪，再融入到白色的"當"字。此時，行者思惟宇宙萬有已全融入"當"字。

　　"當"字從下往上消融。種子字基部的"啊"融入到咒字主要部分，再往上融入到斜月；最後，斜月融入到圓圈，而圓圈從下往上融到只餘一微細的光點。行者繼續一心專注於微細的光點，觀想它消泯化入虛空。

　　以此方法，行者進入體驗觀想之基，儀軌稱為淨光。將心安住，無有任何造作或概念，不企圖改變所覺受到的一切，此正是圓滿次第的主要修法。

　　安住覺性，不用力，不思憶過去，不將迎未來，無有善與惡的念頭，盡力安住。初時，我們持誦咒語"嗡 修釀達 佳那 邊雜 梭巴哇 耶瑪郭 杭木"開始修法，空性是出發點。現在，圓滿次第時，萬有溶回到空性中。

　　如果護輪、無量宮、與自生本尊都非實有，那麼無實質與萬有的關係是什麼呢？當然，我們不是否定顯有，或堅稱不應有顯相。顯有並無任何過錯，顯有自身並不是障礙，是我們對顯有產生混淆才造成了障礙。我們因執顯有爲眞實的顛倒習氣，緊緊攀住它們不放，以及對它們的分別概念而受苦。若我們在萬有顯現的當下，就了悟其雖顯現而不實存，那麼顯有對我們將不成問題，不再是障礙。

如早先所言，若能清楚地了解一就能了解一切。若行者能了解包括無量宮、本尊、護輪等的壇城顯似眞實，但本質是空性、非實存，那麼就能幫助行者以相同方式看清一切顯有。因爲貌似存在之物，不論是外在的顯相或是壇城本尊的觀想，都與行者所聽聞的聲音，所見到的形相，以及對事物的感受和思惟有關。行者由聞、見、及思惟概念營造這些顯現。如果以心、視覺、聽覺觀想成的本尊無實質，那麼任何其它的顯現非實有不也就成爲不辯之實了嗎？空而能顯，這即是萬有的眞正本質。

比如魔術師的把戲，藉由幻術，魔術師可以變出許多有武器的士兵，一大群軍隊上戰場。不知道這是幻術的人們會以爲是眞的軍隊，並感受到威脅與危險。如果魔術師命令士兵朝他們前進，他們會害怕，四散而逃。他們害怕是因爲兵士看來是眞實的。但變幻出這些顯相的魔術師不會害怕，他不會避開，因爲他知道雖然兵士和武器看似眞實，但並非眞實存在。他知道這只是顯相，全靠他的幻術而有。同理，外在顯相並非眞實存在，它們的俱生本性是空性，全非實有，只是依因緣而存在。

了悟這一點非常重要，由於不了解此一眞實，我們遭受各種巨大的煎熬與苦難。將顯有視爲真實，便生起了貪愛與憎厭，這正是一切苦難的根源。要直接去除貪愛與憎厭非常困難；然而，當我們開始了解到事實的真正本質時，貪愛與憎厭都將自行解脫，這是金剛乘的深奧與善巧。

有個故事可以闡明此點。有位作家曾寫了部關於山的小說，他描述那是座特殊的山，因爲山上充滿了寶石。他說了許多的故事與細節，但全都是虛構的。可是許多人都信以爲真，他們過於入迷，還加油添醋地增添了許多細節，結果故事越滾越大，也越來越好而且不斷地延續下去。我們或許可說它留下一團混亂線索，這就宛如我們的一生，由於執著而飾以各種幻想。直到一天，有個沒陷入其內的旁觀者點出這座山並不實存，他對大家闡明了山並不實存的事實，將眾人從這團混亂中解脫出來，這就像佛法。

想想看：聲音存在，因爲你能以聽覺來聽聲音。倘使沒有聲音，又如何知道聽覺存在呢？反之，聲音究竟是什麼呢？這一刻它在那裏，下一刻它消失無蹤，你不能說聲音去了這兒，或去了那兒，或者它應在這兒或在那兒。但是對有分別概念執著的人來說，聲音是存在的。不僅存在，還有各種各類的聲音。由於有各類的聲音，便生出貪愛與憎厭。

現實中，聲音真正存在何處呢？它甚至不存在於極微塵中，它是因緣和合而生。依因緣而存在，所以不是真實有。它依聽覺而存在，倘若沒有聽的能力，以及認知聲音的心，我們就聽不到。更且，心將聲音分類，聲音雖然非實存，但對於具分別心念的我們，它存在於分類與顯有中。此法是去除這些概念執著的深奧法門。

不論開悟與否，我們都能見到顯相。所見到的或許沒什麼差別，但見的方式卻不一樣。當一個人證悟時，事物的顯相並不會消失成真空，空無一物。他仍然看見事物，但卻同時能體悟其空性。

空並非否定顯有，由於無所緣的空性，顯相不受阻礙。此時行者可以從經驗上來理解空性，這是智慧的開始。當行者以本尊再現時，此智慧便以聖觀示現。

修持圓滿次第證入後得位

行者盡力安住於空性中，但念頭終究會生起。修持圓滿次第，行者應試著認知念頭的生起。一旦念頭生起，行者即離開心性的體驗。剎那間，依著念頭，行者立刻以度母相再現起。以此，不但不追逐念頭，反利用它再觀自己為度母。因此，從無所緣狀態，念頭一起即成度母。行者無需重覆如前觀想的過程，直觀己為度母，"嗡啊吽"三字飾於額、喉、心間。

在後得位中，行者的心顯現如度母，堅信自己為度母，施行一切利生之事。而且如儀軌中清楚解說，身為度母，行者應視萬有一切事物與音聲之本性非實有、非實存。雖顯現卻無任何實質，看似存在卻像海市蜃樓。它們就如幻師變化出來的幻影，看似真實卻非實存。

　　從究竟的觀點看，一切顯相如幻影，本質上它們是本尊智慧的幻現，本尊智慧顯現的無盡方式。這意味著行者所見的每一事每一物，情器間的顯現，都是度母的顯現，所聽到的聲音都是度母的咒語，心中所起的念頭或憶念都是度母心性的展現。

　　除非具有聖觀，否則我們無法如此體驗事物。但是以此法訓練心，我們可以逐漸開展清淨的見地。最終，我們能真實體驗，外在世界的本質即本尊智慧的顯現。我們將能直接見到，萬象森然即本尊的智慧。

　　萬有的究竟體性超越善與惡，對顯境強加善與惡的觀念便污染了它們的真義。顯境，本尊智慧的顯現，毫無實質，超越概念限制。同理，一切音聲都是超越不悅或悅耳的。若認為聲音具有如此的特性，就是視它們為真實。同樣，念頭也不能說是好或壞，本質上它們是本尊智慧的顯現，所表現的均是智慧之相。後得位中能如此觀修是非常有益的。

　　為幫助了解，以虛空為例，在廣大無垠虛空中有無盡的萬象顯現，有日光、黑暗、雨、雲、風、鳥飛、飛機飛翔等等。然而不論有任何顯現，虛空一點不變，這是因為虛空無實質，以及其空性的本質。同理，萬有的本性超越相待與實質，通常被稱爲“自性”、“本來面目”。任何從本性現起的都無實質，但由於眾生二元對立執著的習性，反視之爲真實、堅固、與恆常。依此執著，眾生生起善、惡、喜歡、討厭等觀念。這種執著完全是迷惑，見不到事物的本質。以這角度來看，我們是迷惑的，我們以此錯覺來看待世界，結果使我們不停地遭受痛苦。

通常，眾生的執著習性非常強烈，陷入兩個極端。或視萬象爲實存，或落於斷滅。但是萬象如夢，行者於夢境或醒覺時所經驗的一切雖會顯現，卻非實有，與夢無別。不論是好夢或惡夢，所經驗到的都是行者的貪執與憎厭。同樣的，那也是行者與外界互動的經驗。

當行者認知是在作夢，便會改變一切。如果夢到從懸崖掉下，而且一直往下墜，心中會生起極度恐懼，害怕受傷。相反，如果知道自己只是在作夢，那麼墜落懸崖時就不會害怕，墮地時也是。行者在夢中能免於恐懼，是由於覺悟到所體驗的一切是空性的緣故。

我們爲自己所能作的最好的事，就是親證顯境的根本性質，它們真正的本性，無實存的空性。如此我們的生命就可以真正單純化。若仔細探究，我們可以看到在強烈二元執著與攀緣的習性中，人生變得非常複雜，我們由於執著而遭受到各種困難。

這在不丹那樣的國家尤其明顯，因爲那裏的人非常迷信，有著各種複雜的念頭。他們認為山上存有某種威脅，雖然並不確知是什麼；而山谷裏又有另一種威脅，他們認為涉過某條河或某條路是危險的；將生命耗費在平息外物以避免受傷害上。他們可以說像是被軟禁了一般，無法自由活動。不僅如此，由於這些情形對他們是如此真實，以至於他們一活動就真的會受到傷害。

我曾住在那兒很多年，但從沒有經驗過那樣的事。我自己認為那些是不存在的，所以從不受到影響。然而當心存恐懼且深信那些想法時，害怕的事便會發生。在南美洲我也見過許多這類事情，世界很多地區都像這樣。如果你成了某種執著的俘虜，那麼你就會受到傷害；如果不被迷惑，你可以去任何想去的地方，做任何你需要做的事情。

如果我們的生命單純化，就可以擁有非常大的自由。在西藏有些偉大的上師，他們不僅了悟外境非實存，連他們自己的身體也如是。有些證悟者身體是透明的，沒有影子。他們住在房子裏，但房子似乎沒有牆壁般，陽光可以穿透過牆壁。他們坐或臥於空中，就好像是躺在坐墊或床上一樣，有無窮無盡的可能。要達到這一切，必須從簡化我們的生命，捨棄習性、分別概念和執著開始。

當我們了解世界的根本性質與苦難的根源後，便會改變我們對世界的看法。就算只是知識上的了解，也可消除許多痛苦。然後，經由此種修行，我們開始學會從事情本性的角度來體驗，不再經由執著和習性。此種修法最終能使我們不再受制於迷惑與障礙而獲得解脫，這就是我們如何將圓滿次第帶入後得位中修習的方法。

功德回向

一般日修儀軌主要包括生起次第，持誦較短的根本咒與較長的長壽咒，圓滿次第，然後是功德回向。錫度仁波切版本的儀軌，功德回向包括圓滿次第後面四句祈禱文，以及法本最後一頁兩個偈頌各四句的回向與吉祥文；蔣貢康楚版本則是在最後一頁四行的回向與吉祥文中。

回到儀軌上，錫度仁波切所造的法本："願我迅速依此善，成就聖白度母身，一切眾生無有餘，悉置彼之境界中"。"此善"主要指修此法的功德，但也包含行者與一切眾生於過去、現在、未來所積聚的所有功德。行者回向所有這一切功德，希望能夠迅速成就白度母，利益眾生。

此處願能迅速成就度母有兩種含義，依世俗見，此指領受本尊加持，行者現世的目標如長壽、健康等都能達成，並能開展利益他人的力量。而究竟上，此指完全成就本尊境界，行者之身得證白度母身，語是白度母語，意如白度母意。此是圓滿證悟之境，由此行者將能引領無量有情達至解脫。

更且，"一切眾生"並不局限於我們所能見的，如人類和動物，

白度母修法

這裡也指遍宇宙間我們所無法看見的所有眾生，包括全部眾生無一例外。

值得一提的是，證悟者所解脫的眾生，必須是有緣者。不論是善緣還是惡緣，有助緣才可能生起利益。縱使是因被傷害而結的緣，也無妨。因為即使是傷害過證悟者的人，究竟也能依此業緣而得解脫。這是因為不論所結是善緣或惡緣，證悟者都不會捨棄任何眾生。因此，任何緣都是出生利益的基礎，這就是為什麼結緣如此重要。

學生：一天中什麼時間或一月中哪些特殊的日子最適合修白度母法？另外我們是否應如修綠度母法那樣，不食任何葷酒？

仁波切：如果這是你每日修的法，當然是每天修。由於是長壽法，最好是早上修。最理想的是在早晨修，因為你的心很清楚，身體也休息充足。但不必太拘泥，如果你的作息要兼顧工作及其他考量，只能安排在下午修法，不要認為與其下午修還不如不修。任何時間修都可以，但是早上最理想。當然如果是閉關修白度母，一天應該修三或四座法。

修法時間的選定，通常是依據法門所著重四事業中的哪一種而定。度母屬息法，通常都是在清晨修，增法則在午前修，懷法是在午後修。而誅法，如護法瑪哈嘎拉，則是在傍晚或晚上修。一個月中最適合修度母的日子是藏曆初八，也可增加十五（月圓）與三十

（新月）兩天，這些都是很特別的日子。但是初八是特別與度母和藥師佛有關的吉祥日。

修度母法前不食葷酒是很好的，但並非絕對必要。這不像綠度母法那般嚴格要求，可是你也不可因如此而放縱自己。

學生：如果我們為病重瀕死的人修白度母法，或任何我們有信心的法，這利益能否延續到他們下一世呢？

仁波切：不論修何法，利益都是真實的。為病重或將死的人修白度母很合適，在他們過世後，利益依舊持續，主要是因為度母是諸佛之母。

然而習俗上，白度母法是用來延壽的。若為將死或已死的人修法，慣例是修四臂觀音或阿彌陀佛法。但是雖然習慣如此，你也無須拘泥守成。如果你對一本尊有大信心，或熟悉一法遠超過其它法門，你可以為所有不同原因，單修此本尊法。

學生：請再多開示一下，後得位中如何維持觀想自己為本尊？

仁波切：將自己化光溶入空性後，再以度母相現起時，要生起自己真正是度母的心態。這是說當你修法結束，回到自己日常行事時，要盡量維持自己是度母的淨觀。事實上，後得位中觀自己為度母，接著，當然你可能非常忙碌，忙著各種事，你應試著隨時提醒自

白度母修法

己，自己即是度母。在這種情形下，通常是維持著意念或淨觀，而非細節觀想。思惟或提醒自己就是度母，因為你需要專注於手邊的工作，是不可能觀想許多細節的。

正行：食子供養

白度母正行的三個階段：生起次第、咒次第及圓滿次第已解說完畢，正行之後如果願意，可以供養食子。

若是閉關修持白度母法，就應該每天供養食子。閉關時，食子通常是在每日下午那一座修法時供養，因此行者若是一天修兩座法，那麼就在第二座法時供；若是一天修四座法，則在第三座法時供，視修法時間來安排。

修食子供養時，行者迎請本尊及諸眷眾降臨對面虛空，而行供養，供養畢，行者祈請祂們留駐，而與佛堂上代表皈依處的佛像或法像，無二無別。

陳設、灑淨、供養食子

首先，準備一個圓且具特殊形狀的白色食子，上有一些裝飾，最好是像白度母灌頂時用的那種精緻食子。如果不會做這些食子，可做所謂的“噶多”(kartor)。“噶多”是指“白色食子”，以麵糰做成，小且較簡單，不會太難做〈註二十五〉。

第一個重點，供養的食子一定要清淨無染。這是說食子不僅要新鮮乾淨，而且必須是毫無吝嗇的。這種情況就好像行者雖覺得應該供此食子，卻又希望能保留作其它的用途，這就不是毫無吝嗇的。食子也必須沒有習性執著的染污及其他缺失。

白度母修法

首先以憤怒尊甘露漩明王(Trowo Dutsi
Kyilwa) 的清淨咒：“嗡 邊雜 阿姆瑞達
棍達利 哈那 哈那 吽 呸”加持食子，清
淨供品粗重的染污。任何缺失都得清淨，
供品變得清淨、乾淨、且怡悅。這道程序
就好似款待嘉賓時烹煮食物一般。當團體
共修時，佛堂執事者會以淨水灑食子上，
同時唸誦此咒語。而獨自閉關供養食子
時，行者必須自己以水灑淨食子同時誦此
咒，這是有深意的，本尊咒語加持了淨
水，象徵著以本尊的力量來灑淨食子。

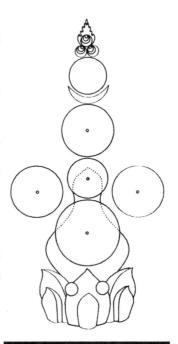

精緻食子

另外，對供品不應有分別概念的執
著，比如：“這個比那個好”。為了淨除分別概念的染污，我們持
誦：“嗡 梭巴瓦 修達 薩爾瓦 達瑪 梭巴瓦 修多杭”，消除所有的
分別概念，清淨一切，化為空
性。有些人認為這是種魔咒，
能將供品化為空無一物。但實
際不是這樣，其實它是指出萬
物的清淨本性，也就是它們的
空性。這與生起次第自觀為本
尊前所念的“觀空咒”類似，
該咒語是使行者憶起萬物的空

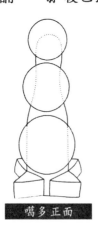

噶多正面

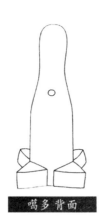

噶多背面

性，與此處 "梭巴瓦" 咒意義相同。

咒語的作用是要提醒行者，供品或作同樣用途的其他物品皆是空性非實存。如此做的理由是因為，行者對供品有不完美的念頭，比如認為它太小、材料低劣、或其它想法等令行者認為它有缺陷。經由 "梭巴瓦" 咒語清淨的食子，所清淨的其實是行者認為食子不完美、有缺陷的看法，並非實際將物品溶入成空無，行者所溶化的是執物品為真實與不完美的概念。

行者若無法將食子實存的執著轉變為空性的見解，就無法真正加持食子。因為行者會受限於眼前所見，這也是為什麼加持儀軌一開始即說："從空性中……"，食子及盛放的容器由空性中生起，行者觀想前方，由空性中，盛放食子的盤或碗，化現為一個珍寶所成的巨大容器，如此的觀想可以消除行者對供物的任何分別概念。

食子容器巨大，寬闊無邊，以天及人間一切勝妙珠寶製成，精美無比。行者觀想容器內，食子先顯現為三種子字：上方為白色的 "嗡" 字；中間是紅色的 "啊" 字；下方是藍色的 "吽" 字。此三種子字的意義與自生觀想時一樣，是諸佛菩薩身語意的加持，智慧、知識與功德的顯現。此處觀想這三個字表示認知食子圓滿完美，而非受限制、有缺點、不完美的物品。

白色的 "嗡" 字融入紅色 "啊" 字，"啊" 字變為白色透紅光；

接著"啊"字融入藍色的"吽"字，"吽"字再化為三色光。光化為甘露，充滿整個廣大寬闊的容器。最後容器中充滿白中略呈藍色，而放射紅色光芒的甘露。

此廣闊如海的甘露，善妙圓滿，是一切妙欲所成之大海。其味道是所有可能嚐到的味塵中最美妙的，其形相是所有可能見到的形態中最美好的，其香味則是所有可能嗅到的氣味中最香甜的，即使是剎那間聞到它的氣味，也會令心感受到無比的喜悅。甘露的甜美滋養無可比擬，縱使只是一滴，都能延續任何人多年的健康、力氣、與命力。此甘露的香、味和滋養，遠勝過世間一切事物。

此處"嗡 啊 吽"咒語要唸三遍或七遍，習慣上是唸三遍。行者持咒時，觀想甘露如攪拌牛奶般，似拿著杓子上下翻攪。攪拌三次後，甘露完全融合。在此有一手印配合此觀想，將上面的翻轉到底部，下面的攪到上方，至此食物就準備妥當可以宴請賓客了。

供品準備好後，行者開始邀請賓客。從行者心間"當"字放光照射十方，光照到十方所有淨土，邀請南方波達拉淨土的度母和諸佛菩薩與祂們的眷眾。當行者口誦咒語"邊雜 薩瑪扎"，同時手結印時，祂們立刻現於行者對面虛空中。以度母為首，四周圍繞著諸佛菩薩與勇父、空行、護法等眷眾。咒語"邊雜 薩瑪扎"的意思是"因您利生的不變誓願請降臨"。

接著，行者唸"貝瑪噶瑪拉呀沙當姆"(PEMA KAMALA YA SA TAM)，直譯為"請於蓮座上安坐"，同時手結請坐手印。行者以咒語和手印，供養白蓮花之座位並邀請祂們上座，正如請

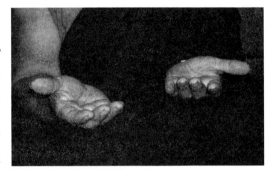

手印 貝瑪噶瑪拉呀沙當姆

貴賓上座般，觀想聖眾們在前方虛空自在安住。

歡迎並請賓客坐下後便可以開始宴請。從行者心間種子字化出無數供養天女，她們全都持著珍寶小容器，從前面寬闊的容器內舀出一些甘露，每一位聖眾面前都有一位天女獻供。

持誦咒語："嗡 達列 都達列 都列 依當 巴令 達 卡卡 卡噎 卡噎"(OM TARE TUTTARE TURE IDAM BALING TA KAKA KAHI KAHI)三遍，行者邀請度母享用食子。咒語的結尾"依當 巴令 達 卡卡 卡噎 卡噎"意思是"享用，享用，請享用，請享用食子"。接著持誦咒語 "嗡 阿噶柔 穆康 薩爾瓦 達瑪南 阿帖努邊 拿多 達 嗡 啊吽

供養手印

吽　梭哈"（OM AKARO MUKHAM SARWA DHARMANAM ADE NUTPEN NATO TA OM AH HUNG PEY SOHA）三遍，行者邀請諸佛菩薩與眷眾們享用。此咒語的意義是："『阿』是第一字，因諸法無生"，雖然此咒語通常是作加持用，但此處當作供養咒。持誦此二咒語時都需結供養手印。接著，每位本尊的舌都化為五股金剛杵，杵的中軸，即中間那一股，中空如吸管，就如人們以吸管吮吸飲料般，聖眾們以五股金剛杵的光管舌吮用食子。

最後，行者向度母與佛菩薩聖眾獻八供：飲水、淨水、花、香、燈、塗香、食物與妙樂。獻八供的觀想如前解說，行者化現出八位主要供養天女，每位又再化現出千百位與她相同的天女，她們齊向前面虛空中的度母與佛菩薩聖眾獻供。（請參閱"迎請智慧尊"一節中的解說）

禮讚，祈賜加持與成就

供養結束後，行者專注唸誦儀軌，觀想化現的天女們進行讚文供養。第一偈讚頌度母，接著下一偈讚頌諸佛菩薩。

讚文的第一部分與度母的名字有關，咒語"達列　都達列　都列"即表現此點。讚文首先提到："解脫輪迴"達列"母"。度母令每一位皈依她的眾生解脫出離輪迴苦。這不僅是她的名字，也是她所代表的本質。任何具真誠信心皈依她的人都能得到解脫，度母究竟的目的是幫助我們脫離輪迴。

　　"都達列"是度母的另一名字，表達她事業的一面。儀軌曰："都達列"除八怖畏"。八怖畏或八難是世俗暫時苦難之因，所以讚文首先以"達列"描述從輪迴中得解脫，是究竟的作用。其次，以"都達列"描述從世俗危險中得解救。

　　藏文稱八難爲"吉巴傑"(jikpa gye)。第一是王難(gyalpo'i jikpa)，指惡權，例如傷害人的獨裁者，這是指濫用權勢，傷害別人的危難；第二是火難(me'i jikpa)；第三是水難(chuyi jikpa)；第四是獅子難(senge'i jikpa)；第五是大象難(langchen gyi jikpa)；第六是毒蛇難(dukdrul gyi jikpa)；第七是盜賊難(chomkun gyi jikpa)；第八是食人者難，即噬食人類的眾生(shaza'i jikpa)。這不是真正食人的人類，這類眾生示現人形而噬食人類，模樣似人，但更高大些，他們攫人吞食，好像青蛙吞食蟲子般。

　　藏文"吉巴"(jikpa)直譯爲"恐懼"，但也含"傷害"之意，尤其是具威脅性的傷害，所以也常被譯爲"災難"。每一難都有外與內的意義，所以，有八種外在的災難與八種內在的災難。關於外在或世俗的含義，在今日社會我們可能會遭遇火、水、盜賊等威脅我們生命的災難，但大象、獅子、毒蛇的危險已很罕見，因爲我們比前人在這方面有更多的保護。縱然我們較前人不易受到外在八難的威脅，但我們依然受制於內在八難中的每一難。

白度母修法

　　第一難是王難，現在雖已減少，但在某些國家仍相當危險。王難主要指國王濫用權力，但也可指任何有權勢的人。從前每個國家、區域或村落都是由國王或軍閥等統治的，歷史記載，很多國王濫用權勢，對各行各業的百姓造成很大的傷害，引生恐懼與災難。

　　王難的外在意義很直接，但其內在意義則較抽象。這是指一個人依賴外在環境，生命受制於世俗的牽掛與義務，猶如國王的權利，讓我們無法行有意義之事。我們對自己的生命沒有控制的力量，我們的情緒，慣有的習性，控制了我們的生活。親朋好友深深地影響著我們，世俗的牽掛，習性的需求，牽扯著我們，以至於沒有時間修習佛法，這是第一難的內在含義。

　　第二難，雖然實際受到火災之難的可能性較少，我們卻經常遭受怒火的傷害。憤怒與憎恨的後果非常嚴重，佛法中說，剎那的憤怒可燒毀一劫所累積的所有功德。因此憤怒比最嚴重的火災更具破壞力，就像一粒能發芽茁壯成長的良種被燒毀一般，其潛藏的利益也失去了。

　　第三，水災之傷害機率更微小，尤其是與執著之水相比時。我們深陷在執著的習性中，好似一個沉溺的人。執著之水的力量將我們往下拉，要擺脫這危難很困難。雖然我們知道必須精進修行，全心向法，如偉大的米勒日巴尊者般，但我們卻沉淪於對身體、財物、家庭、朋友的執著，執著於許多事物，無論是粗大的還是微細的。

第四，縱使獅子不再對我們構成危險，我們卻不斷的受制於如獅子般傲慢的傷害。如獅之雄姿，我們也具有那種驕傲的姿態。驕傲是嚴重的習性傾向，是大剝蝕之源，它剝奪了我們的健全與明理。當我們爲驕傲的習性所膨脹，認爲"我了知一切""我是最好的"時，就無法對那些值得感恩、學習、或那些給予生命意義之事物，開放自己。我們無法安分守己，腳踏實地。爲驕傲習性所淹沒，我們失去了明晰與慈悲。

驕傲有很多種：國家的驕傲，青春、美麗、家世、種族、財富、名譽、聲望等的驕傲。不論基於哪一種，驕傲都使我們認爲自己比較偉大、比較好、優於他人。因驕傲習性而自我膨脹，障礙了我們看清事物真相的能力，失去了關懷他人的能力。有一句諺語："驕傲的圓球上，知識之水不能停留"。如果在圓石上潑水而冀望水會停留在石頭上，這是注定要失望的。

第五是大象難。這如何適用於我們呢？自從我來到這個國家，除了在動物園內看到幾頭大象外，不曾見過任何大象，而那些大象當然也不會令人心生恐懼。但是無明的大象卻是個嚴重的威脅。大象是譬喻，因其身軀龐大，眼睛卻十分微小，似乎看不到太多東西。同理，我們所知的比起我們所不知的，或是一知半解的，實在是少了太多。由於無明，我們無法清楚直接地認知事物的真相。

我們不去做應該要做的，卻沉溺於不該做的事上，這非常有害。我們不知道什麼該接受，什麼該拒絕，究竟上，這會造成巨大的傷害。就算一頭瘋狂的大象，也不可能令我們投生到下三道，慘受無止盡的煎熬。大象最糟的情形只是踩死我們，只影響我們這一世而已。但無明的大象卻會導致我們於無法想像的痛苦中輾轉投生。

第六是毒蛇難。偶爾一條真正的蛇可能會造成威脅，但在今日很少會遇見這樣的危險。然而長久以來，有一條蛇始終伴隨著我們，它比最惡毒的蛇還要危險，就是嫉妒之蛇。這條蛇在個人、團體、甚至國家間製造糾紛與衝突，造成巨大的傷害。嫉妒是最具弊害的習性之一，它會挑起憤怒與憎恨，對個人與他人都造成傷害，摧毀廣大功德林。

第七是盜賊難。我們大部分都沒有太多東西會被偷，而所擁有的也不太怕被偷。但是有一個大盜賊始終在劫掠我們，像寄生蟲般的跟著我們，那就是懶惰。懶惰有很多形相，有時我們拖延，有時我們心神散亂，有時我們找藉口不作明知有益的事。對於許多人，能用來做有意義之事的大部分時間，都被這懶惰之賊偷竊了。當時看似無妨，其實卻是最詭詐，傷害力最大的習性之一。盜賊可能只偷你一次，而懶惰之賊會一而再，再而三地回來。事實上，懶惰是位惡名昭彰的罪犯，總是知道如何逃脫，總是造成莫大傷害。

對治懶惰最有效的方法是 盡力觀修無常與死亡，這是非常迫切的。有生必有死，而死期又不確定。如果持續觀修無常與死亡，直到完全熟悉此一事實，毫無疑問地將能妥爲準備。以此爲確切之基礎，行者必能精進於身語意事業，來克服這長久的心腹大敵。

第八是食人難。同樣，這在今日幾乎不曾聽聞。然而在從前，卻是嚇人的事實。大約九百年前，食人獸造成極大的驚恐，有時整個村莊的人全部被噬食了。從佛教徒的觀點，食人獸主要是被蓮花生大士的佛行事業所去除。佛法上提到，時至今日，蓮師依然守護著人類，免於食人獸之傷害。由於所累積的惡業與殺業，食人獸顯現它特別的相，並殺害眾生。

由於不曾見、聞或受制於這類事情，行者或許認爲這不可能造成威脅。這種想法是種無知，認爲我們不知道或不曾見過的，就不會存在。但是食人獸確實存在，縱使他們沒有現身來吞噬我們，我們也無法擺脫如懷疑、猶豫等食人獸般的行爲。

情形是這樣：我們都有證悟的能力與潛能，不僅如此，我們也有深奧的方法能達成證悟，歷史也一再證明那些方法是有效的。我們的境況是再好不過的了，然而，懷疑與猶豫是無明心詭詐的表現，始終侵蝕我們的信心，使我們無法珍惜善用這一切。不僅如此，我們還會覺得被剝奪了，甚至不相信自己。雖然有潛能和能力，卻認爲不可能，因此我們啥也不做。

白度母修法

即使那些日夜精進修法的人，懷疑的習性也會潛伏，時而意外地出擊。當他們在道上如法修行時，它會突如奇來地出現："這的確是真的嗎？或許不可能吧？"懷疑以各種方式捉弄我們，疑心會說："或許作這件事比較好"，它會驅使我們依習性而行。任何與我們習性不合的，它會令我們覺得那是錯誤的。也許我們會想："像我這樣的人有可能做這事嗎？"而駐足不前。它吞噬我們是指它會令我們信心動搖，無法善用寶貴機會達至證悟。它剝奪了我們最大的利益，沒有任何怪物比懷疑——這隨時會扯裂我們的無明之心，給我們造成的破壞更爲惡劣的了。

如果我們真誠皈依度母，她將免除我們遭受此八難。

繼續回到儀軌的讚文："『都列』護佑免諸疾"，"都列"闡釋了度母佛行事業的另一面。任何人以真正信心虔誠地向度母祈求，都能免於疾病。

我們依據度母的本質而行讚頌供養。讚美不同於阿諛，讚美是稱讚他人之美德，而且也尊敬這類高貴德行。此處行者不僅讚美，而且向度母禮敬說："聖救度母我禮讚"。

下面偈頌讚美諸佛與菩薩，祂們以白光或慈悲之光輝利益一切眾生。白光指度母的事業，清新、清涼、利益一切有情。度母是諸佛菩薩之母，而諸佛菩薩是眾生唯一的歸依與守護。沒有諸佛菩薩，眾生

將失去依怙。由於度母生出
諸佛菩薩，度母與祂們同一
本質，因此我們虔敬地頂禮
諸佛與菩薩。

這些讚頌並不是漂亮的
詩文而已，那是對度母與諸
佛菩薩功德事業真誠的讚

讚頌與祈請時持鈴杵的手勢

美。讚文與下面的祈禱文，行者可以每四句搖一次鈴〈註二十六〉。

接著是傳統的偈頌，在大部分供養食子儀軌內都會唱誦，起首
是："享納所供妙食已"。供養食子是因為食子是供獻給諸佛與菩薩
的，而布施食子是因為行者也觀想食子為所有眾生接受，而減緩他們
的痛苦。

接著是對聖眾的祈求。以真誠恭敬的心，我們祈請聖者的佛行事
業賜予我們這些修行者〈註二十七〉以及與我們有緣者〈註二十
八〉興隆，諸如健康、長壽、力量、富饒、名聞、好運等。"興
隆"不僅指財富，是指能為你與他人帶來舒適生活的一切；"力量"
一詞的意思是能掌握，能自主，不會落入不能自主的情境。

我們祈求力量、富饒及名聞，實際上是覓求利益他人的能力。而
希望"好運"，"運"這個字事實上指的是時間，意指"願我們活在

幸福的的時代"。不僅是爲我們,更是爲每一個人,希願這是個豐衣足食而不是災禍橫生的時代。這些是祈願自己與他人都能得到世俗成就。

在勝義層次,行者祈求度母與諸佛菩薩賜予能利益他人的能力,即四事業,息、增、懷、誅的成就。這是正覺者利益無盡眾生的事業。然而動機必須保持完全利他,才有可能得到並運用這些能力。倘使是爲一己之利而行四事業,尤其是懷、誅二業,是會自我毀滅的。

最後,行者祈請具誓者的保護。"三昧耶"(Samaya)指佛法誓約;此處"具誓者"尤指尚未證悟但與佛法有善緣者。他們誓願保護佛法與修行者,他們不一定是人類。具誓者如證悟的怙主瑪哈嘎拉,在佛菩薩前發願示現、幫助、與保護佛法與修行者。事實上,他們曾發願:"我將以此爲我主要的職責。"

行者接著向具誓者祈請:"賜助於我得成就〈悉地〉"。"悉地"指的是息、增、長壽等世俗成就以及殊勝成就,也就是完全證悟及廣度眾生得解脫的能力。雖然這些具誓者本身尚未證悟,不能賜予這些成就,尤其是勝義成就,然而他們可以幫助行者去除達到證悟道上的障礙。

接著行者祈求免於非時死與疾病。一般人很難認清壽終正寢與非時死的差異。一個人如果意外死亡,他可能是非時死,也可能是命中注定，依此人的業力而定。如果在相對層次上突然發生，我們一般會認為是非時死。然而除非我們有洞察力，知道是否業力成熟所致，否則很難了解。非時死是表示，如果採取適當的預防措施，它是可避免的。但如果是命中注定，則不論怎麼做都無法避免。

很不幸，大部分的死亡都是非時死，許多死亡是由於惡劣的情勢所致，如果採取適當的防範往往可以避免。我們有能力控制，但卻不去使用；例如，我們本可以尋求醫藥治療、祈禱求福、或是贊助善事等來消除逆緣，而避免死亡。

簡言之，非時死是指沒能活到應享的壽命。一個簡單的例子，一部車子的設計與製造本來可以維持一定的年限與里程，但如果車子在車禍中碰損或全毀，就無法用到原來的年限，這就是所謂車子的非時死（報廢）。

然後，行者祈求免於"敦"(döns)與障礙。"敦"通常是指與方位或時辰有關的障礙，本質與星曜有關，它源於我們身體五大與宇宙五大的關係間失去平衡所產生的偏差。比如說，有人好意贈送我們某些禮物，但如果我們面對某個特殊方向，或太陽照射在某一特別方位，它對我們可能有沖煞等不好的作用或傷害。此禮物是別人善意贈送的，不好的作用與贈品或贈者無關。有人也許認為此種情況暗示著送禮者懷惡意，但這主要還是由於我們與時令及宇宙的關係所造成。如果同樣的禮物送給他人，他們或許能享用，而不受到傷害。"敦"

也可指非人或魍魅，他們經常懷惡意，反覆無常，詭計多端，具毀滅性。

"障礙"是指內在或外在的因素阻擋，使人無法成辦事情。"障礙"也可指懷惡意的人或非人，沒有正當理由地傷害人們，阻撓一切，不讓事情順遂。

復次，行者祈請免於噩夢、凶兆及有害的行為。此處噩夢不是僅指"不希望噩夢攪亂了我的睡眠"，它的意義是："不希望有不吉利的噩夢暗示未來將發生不祥之事"。行者不僅要求不要有噩夢，也請求噩夢象徵之事不會發生。

也要以同理去了解凶兆，凶兆不是迷信，它們是基於一些真實發生的事情。舉例說：若一頭野獸闖進家中，這可能是要出事的徵兆，行者祈求不要有任何可能造成損失或痛苦之凶兆。此處的含義是，當徵兆或凶兆去除時，可能發生的凶事也會隨之消除。

祈求免於有害的行為。行者發願任何行為對自己或他人都不會造成傷害，作為一個修行者，希望所作所為都是善行。但是在某些狀況下，即使是善意的行為也可能造成傷害。因此藉此祈求，行者祈願沒有任何行為會導致傷害。

最後的偈頌是為世界的福祉而普遍發願。這是傳統的吉祥願文，希望好運遍滿四處無時不存在，處處安寧，人人平安，自他免於傷害，無有任何不善的廣大願望。行者的發願不應僅局限於利益眾生的心靈，行者應發願利益眾生所有的福祉，祈願所有眾生精神與物質生活都能興隆。總言之，行者發願："賜助隨欲而成就"。

如果有準備"噶多"（白食子），儀軌唱誦至此，就將"噶多"送到外面去。必須提的是，行者可能有不同的食子，此處要如何做依情況而定。如果行者供有永久的精巧白食子，就需要"添新食子"，即藏文所稱"托蘇"（torsu），修法前將其放置在佛堂上永久食子的旁邊。習慣上"托蘇"是簡單的圓形奶油小麵團，但也可以用餅乾來代替。"添新食子"便是每天增添一點在所供的食子上，才不至於每天都是供同樣的食子。這是不送出去的，就放置在佛堂上永久食子的旁邊。

如果行者決定用最講究的陳設，那麼佛堂上除了永久食子與新添食子外，還須一個簡單的白食子"噶多"，於此刻行者需起身將"噶多"送出去。

如果行者是個較簡化的瑜伽士，也就是較不拘泥於正式的儀式，那麼準備永久食子及添新食子即可。如此就不會準備"噶多"，此處就不必起身將"噶多"送出去。另外的選擇是，行者若希望儘可能的簡化，那就不需供永久食子，也不需添新食子；那時，只要準備一個"噶多"，修法到此段落時，起身將"噶多"送出去就可以了。

接下來是祈請文的最高點。在前面解釋過的偈頌，行者作了許多一般性的祈請，此處行者以非偈頌式，直接懇切的禱文，向度母請求賜予最渴望的事情。行者祈請：“聖救度母祈垂賜我等勝義與世俗成就〈悉地〉”。“勝義悉地”是指證悟，完全無染污的佛果。“世俗悉地”是爲成就勝義悉地於修行上所需的一切，包括健康、資財、安適、機會等。因此得「世俗悉地」，是希望能獲得修行佛法的所有順緣。

雖然這些在前面已祈求過，此處行者強調，希望能免於造成修行違緣，現在或未來的障礙及危險。最後行者祈求“綿長之佛行事業”。爲了要成辦對已對人有大利益的佛行事業，長壽與健康是絕對必要的。

食子的供養到此結束。

供養食子的重要性

行者必須了解供養食子的重要性，這一切才會有意義。食子（多瑪）的涵義比字面意義要豐富的多。“多瑪”梵文是“巴林”(balim)，意思是“強有力的”。藏文“多瑪”指供品，隨後會丟出去的。外觀上，供養的是一塊有形狀的糕點或麵糰，行者也許認爲這要花很大的功夫去做，卻沒什麼大意義。其實正好相反，它是有深義的，這也就是爲什麼大部分的法門都會有食子供養。

如果我們將字拆成語源成分，第一個音節“多”，字義上為“拋擲或丟棄”，由此產生其基本含義：“可丟棄的”或“扔掉的”。“多”意味著丟棄或清除所有必須去除的痛苦和苦因，一切困難、病痛、焦慮等，因此供養食子並將它拋棄，行者真正做的是去除一切必須拋棄的。

第二個音節“瑪”，不僅是一個構成名詞的陰性字尾。此處“瑪”指母親，意思是因食子的供養，行者與諸佛菩薩結了緣，他們賜予行者所有需要的，猶如母親給與孩子食物、衣服、住處、母愛等。因此“多瑪”的意思不僅只是“丟棄”，它包含了丟棄或去除所有必須丟棄的，而獲得如母親給予孩子所需的一切般。

了解這一點很重要，否則整件事看起來可能就像一椿可笑的文化傳統，事實上，食子供養是在培養一種態度，以及依據此態度而進行的一些過程。如行者所見，一小塊麵糰的供品經過加持，加持的本質包含行者對它的認知與態度的完全轉化，行者對食子的認知與態度和供養諸佛菩薩的發心，令一塊可食用的普通麵糰轉變成有力的祈請基礎，行者在供養食子時要將這些牢記於心，並瞭解它的深義。

懺悔、祈請本尊的留駐

為求修法無障礙，行者祈求勝義與世俗的悉地，接著是懺悔，分兩部分：第一部分，行者唸誦金剛薩埵的清淨咒（百字明）三遍，這是修法時，清淨並彌補缺失與過患最有效的咒語。要真心承認這些過失，並且真誠地希望能彌補，這是非常重要的，這樣才會有效。修法時我們可能會生起各種過失，如供養不完全或不清淨，持咒不正確，修法時心意散亂，生起有害念頭，或念頭從習性中生起等，如果不清淨這些，將會損害修行。

其次，唸誦傳統的懺悔文。其要點是公開承認明顯可能的修法缺失。要知道"過失或欠缺"，不僅是指修行時物質方面，也指精神方面的不圓滿。行者的心態在奉獻食子時最爲重要，這是加持、供養和祈求的基礎。很明顯地，如果念頭散亂或有不善情緒，供養食子就不會有相同的效力。所以能夠承認而求改正是很重要的。

事實上，行者此處承認自己仍是一介無明凡夫，自己可能甚至不記得或不知道有任何缺失，但坦誠承認這些缺失和潛在的過錯，求淨化以使修行能更完整圓滿。行者向誰懺悔呢？"祈求護者的寬恕"，此處"護者"實指諸佛祐護的能力，因此指的是被邀請來接受食子供養與祈禱文的度母、諸佛菩薩和聖眾。

緊接著，食子供養的最後部分是請求度母與聖眾駐留在行者修行之處，這是當行者設有所謂的"所依處"時，可以是形像或其他象徵崇敬本尊之物。"所依處"是任何象徵佛或法而供在佛堂上的事物，它可以是肖像，如塑像或畫像等，也可以是其他物品，如佛書。不必一定是行者正在修持的特定本尊的形像。

此處行者祈求"請留駐此所依處，直至輪迴窮盡前"。總言之，行者請求只要眾生未盡得解脫，眾生依舊受苦，為繼續利益救拔眾生，請不要離去而留駐，與此所依處無二無別。

最後，行者祈請："無病長壽且自在，祈賜諸勝妙賢善"。無病長壽顯而易解。"自在"是指能控制自己的情勢。"勝妙賢善"是指對己對人，都能順遂，究竟上能引導至勝義悉地或證悟的一切事情。因此，這一句通常被譯為"勝義悉地"。

佛菩薩並非只在對祂們有祈求時才幫助眾生，不祈求時就不來幫助。然而只要我們不適於接受幫助，祂們能幫助的便非常有限。所以當我們祈求佛菩薩留駐時，主要是要讓自己成為適合接受幫助的對象。雖然佛菩薩不偏私，但請求還是必需的，因為祂們對祈求者的利益會比對沒有祈求的人更有效益。要闡明這一點，就如行者不論持有何種液體，如果灑在不能滲水的石頭上，液體是無法滲透進去的。這不是液體的過錯，液體並不會拒絕滲入石頭，而是石頭不接受它。

總結留駐的請求，行者持誦咒語："嗡 蘇扎 地扎 邊雜 耶 梭哈"（OM SUTRA TIKTRA BEDZRA YE SOHA），意思是："請恆常留駐"。由於行者真誠的祈禱與度母殊勝的功德，此時度母與佛菩薩聖眾融入行者的所依處，無二無別。

那些伴隨佛菩薩來接受食子供養的具誓者，行者以主人宴客的態度，請這些賓客返回原來的住處。正如宴會結束時，一些賓客快樂地離去，或許還帶著熏熏醉意，他們離去時的心情都很好，並答應繼續保護行者。接受食子的供養後，他們保護佛法的誓願更加強烈。

請求證悟本尊留駐具有深廣的意義，佛陀曾去過的地方都得到了加持。我們相信佛陀曾到過、說法與居住過的地方，千百年來以至今日，比其它地方都更殊勝。如果在那些地方修行，似乎更得力。那些區域因佛陀曾出現以及佛陀的事業而具大加持力與鼓舞力。

不僅如此，其他證悟上師去過與說法的地方也同樣具加持與力量，那是由於上師曾在那些地方修持過。同樣地，我們如果接觸到上師修法時用過的物品，對我們的心與修法有啓發作用；基於同樣理由，佛教徒將地方分爲"中土"與"邊地"。以佛教徒的觀點，這不是依地理或人文因素而定的，"中土"是指有佛法事業、得到加持的地區。只要存有佛法處，就被稱爲"中土"，而"邊地"是指沒有佛法的地區。

因此，爲了使行者修行的地方得到被邀請來接受食子供養的本尊聖眾之加持，行者請求聖眾留駐，不僅爲利益行者自身，也爲了祈請他們能繼續利益那地方的其他人們。這就是爲什麼我們會盡力設置所依處，如佛像、法照與佛經等，而且盡全力來開光加持。

正行：功德回向和吉祥文

食子供養結束，接著法本的最後一頁，功德回向與吉祥文。首先："以此善，願所有眾生"能以特殊方式獲利益。"以此善"指的不僅是修此法的功德，也包括了過去、現在、未來積聚的所有功德。接著行者祈求希望眾生得以免除以及享有的各種事宜，最後一行總結這一切。

首先，"祈以此善令眾生，罪障墮疫悉止息〈願所有眾生之罪業、蓋障、錯誤、墮罪、疾疫、與魔障都能平息。〉"前面四項「罪業、蓋障、錯誤、墮罪」互有關聯。"罪業"，是指一

持鈴杵：唸吉祥文的手勢

個人的行為、所做之事是錯誤的。雖然稱之為"罪業"或"不善行為"，但肇事者在當時不一定有明顯的不愉快，也就是說當事者在做的時候自己並不知道是錯的。然而因為傷害了他人，在自己心靈上就會留下痕跡，未來也會對自己造成類似的傷害，且程度更大。譬如說如果我們犯殺業，無論是殺了人或動物，在未來世，一生復一生，我們將因此殺業而被殺千百次。"罪業"藏文是"迪巴"（*digpa*），也是"蜈蚣"的意思，指"會刺痛之物"。

更糟的是，罪業不僅會引致苦受，更嚴重的後果，就是第二項"蓋障"（質巴，*dribpa*）。由於罪業的痕跡，每當我們作事傷害了別

人，我們就更進一步染污了自己的本性，我們的本初佛性。

這一切的根源就是此處所稱的"錯誤"(捏巴，*nyepa*)。這是說我們做了一些不該做之事，錯誤使我們遭受痛苦而倍受染污，最後會導致"墮罪"(東哇，*tungwa*)。由於不善的行為使我們墮落，我們因此沉淪而轉生下三道，受到更多的痛苦等。

依三世所積之善德，我們祈求眾生能免於這四項，以及疾疫與魔障。本質上，我們祈願眾生能遠離苦與苦因，離開任何令他們沉淪，而受更多苦與迷惑之因。事實上，此祈禱文是願眾生能免除阻撓他們聞修佛法的一切障礙。

其次，消除一切違緣後，我們祈求眾生能享有長壽、吉祥、福德、與智慧，並迅速證得圓滿正覺。"吉祥"含有勝過任何對己的傷害，而得到對己對人都有益的善妙之意。其結果是"福德"，而福德是生起智慧所必需的。"智慧的開展"是指每一位眾生心中本自具足的俱生智的顯現。

這是我們先前祈求的結果，當罪業等造成的所有暗昧去除時，俱生智就會自然顯現。正如風吹雲散，月亮就會顯現出來。不需要去造一個月亮，它原本存在，只須讓它顯現即可。

當俱生智顯現時，那顯現俱生智的人便證悟了，這就是度母的境界。因此行者總結說："度母果位迅證得。"此祈禱有迫切之意，希望依此福德，眾生能迅速證得度母之境界。

依此發願與回向的力量，我們的任何修持都能累積大功德。

最後是吉祥文。由於諸佛道同，我們不能說什麼佛最好。然而，因為無量壽佛的願力是要增壽並幫助解脫，以此意義我們或許可說無量壽佛最好。因此，諸佛中最勝者是無量光佛、無量壽佛。儀軌上稱度母為母親，不是特指度母為諸佛之母的事實，而是泛指度母為無量壽佛母性的一面，我們可以說度母是現女相的無量壽佛。

我們說度母是現女相的無量壽佛，理由是她真正賜予無死。無疑地，她是賜眾生達到生死自在境界之母。因此，度母是"薄伽梵"，是"佛"，是能置眾生於證悟或無死境界之"覺"或"智"之本體。因此度母被稱為怡心闊洛 (yishin korlo)，或如意輪。

"持明母之薄伽梵，尊如意輪願吉祥"，無論何時何地聽聞她的名字，都會因名字所生的功德與願力而處處吉祥。此是吉祥文，願度母的事業與如意輪名字能世代遠揚。

白度母如意輪日修儀軌的教授，到此圓滿結束。白度母修法也有繁複的法本，此處只包括自生本尊的修法。繁複的法本有自生本尊、對生本尊、以及本尊壇城中的寶瓶觀想。但這不是說簡短的方法就比較無效或有缺失，此簡軌本身就可以引導親自證入圓滿覺醒。

護輪的應用修法

白度母正行內包括的生起次第、咒次第、和圓滿次第，已講授完畢。當行者完成任何一種誓約的修持時，不論是依持咒的數目、修行的時日、證悟的徵象，都可以應用下面的護輪修法來利己利人。

理想上，行者應該首先圓滿一種或所有的誓約，因爲這能幫助行者更有效地運用應用修法。護輪的修法是一種應用修法，雖然在完成誓約前，也可以修這種應用法，但效果很有限。無論如何，我還是先講解這項修法，等以後時機成熟時，你們就知道應如何修持。

此修法在消除自他突發的障礙或傷害非常有效，它的作用就像突然下雨，你會立即撐開傘來保護自己不被淋濕。同樣地，護輪的修法通常是保留在特殊需要的場合，並不是日修儀軌的一部分。每天修此部分並沒有什麼不對，但並不需要。

此處之護輪與行者先前在正行中作爲基本觀想的外圍護輪完全不同，欲修此法可於正行將一切化光溶入後，行者尚未再次生起並觀己爲本尊前，插入此法。化光溶入後，行者的心安住在無念境，當念頭開始浮動，行者不像平常是依度母相再生起，而是立刻進入下面講授的護輪修法。

刹那間，從空性中出現一白色的十輻輪。此輪與行者觀想心間的輪不一樣，不是扁平的，也沒有邊緣。事實上，不要觀想成輪或許更好，因爲輪這個字會產生誤導，觀想像是枚發射入太空的衛星比較好些，呈圓狀，有一些釘狀突出物。

　　觀想輪的軸心是非常巨大的白色光球，雖說有十輻，但只能看到八輻整齊地分列於水平面上。軸心中空呈圓狀，上下方略突出，也可視為輻，所以一共構成十輻。在水平面的八輻如肋骨，逐漸變細成一點，輻間沒有縫隙，呈弧狀，如手背上的骨與骨之間（**編按：或如同鴨子的蹼**）。輪輻旋轉，自上往下看，像是圓形；輪與輻內部中空，巨大寬闊難以想像。由於飛快旋轉，幾乎看不見輪；八輻轉得非常快速，一片白茫茫，只見到似帳篷般的光球，這便是稱之為輪的原因。輪順時鐘方向旋轉，上下輻原地轉動，像是軸一般。

　　護輪中央，行者現為白度母端坐蓮花月輪上，圓具所有嚴飾，與正行觀想的相同。三門有"嗡 啊 吽"三種子字，心間有"當"字與咒輪，長壽咒與根本咒如先前的觀想。阿彌陀佛為頂嚴，行者不需像修持正行法時，觀想無量宮或金剛護輪。

　　行者在此護輪的某些部位上觀想度母的十字根本咒，但這與心中觀想的咒輪截然不同。行者上方有一巨大種子字"嗡"，下方有另一巨大種子字"哈"，都在護輪內。每一輻起端的稍前方，在護輪內，各有根本咒的一個種子字："達 列 都 達列 都 列 梭"。由於輪與輻都異常龐大，這些種子字也同樣非常巨大。每一種子字都不動，也不觸及輪，旋轉的只有輪。

從行者心中 "當" 字依序放出燦爛的光，首先放出白光，閃耀如白水晶般；其次是黃光，如黃金般閃亮；接著是紅光，如紅寶石般耀眼；第四是如破曉時晴空的顏色，幾乎是灰色的淡藍光；第五是綠光，如翡翠般；第六也是最後，是照射如藍寶石般暗藍或寶藍色的光。每道光都照射到十方諸佛菩薩，行無盡供養；光同時也照向六道一切眾生，利益每一眾生，賦予他們長壽與所需的每一樣事物。

光帶著諸佛菩薩的加持與護祐返回，折返後大部分都融回行者心中的種子字與咒輪，行者得到並增長了息、增、懷、誅四事業的成就。

然而並非所有的光都收攝回行者心中，一部分的光留在護輪外逐漸形成許多層，如同心球般。首先，在護輪輻尖一噚（約六英尺）外形成一白水晶光球，環繞著護輪，但並不觸及護輪。雖然是光球，但強烈濃厚且非常堅實，無一物能穿透。

白色光球外圍一噚處形成一道黃色同心光球層，如此接著每隔一噚外形成另一道同心光球層，依序為紅寶石色、淡灰藍色、翡翠綠色、和深藍色，六道同心光球層環護在護輪外，每一同心光球層間的距離都是一噚，約六英尺。雖然是由光組成的，但堅硬異常，無物能損，也沒有任何裂縫或間隙，連絲毫微風都吹不透，它們形成了完全而絕對的阻絕保護層。

白度母修法

每一同心光球層間的空隙，充滿了新鮮初綻的藍色烏巴拉花。"新鮮初綻"的意思是說它們就如清晨綻放的花朵，上面還帶有露珠。花朵並未紮成束，也沒擠壓在一起。每朵花間都有些許空隙，給人一種清涼、沾著露水的感覺。

所有的光球層都在旋轉，當護輪旋轉時，所有光球層都依同一軸心、同一方向旋轉。但是光球層間的烏巴拉花不旋轉，花朵不觸及光球層，維持在原位不動。

保持如此觀想同時持誦十字根本咒。

不同顏色的光是四事業具體化現。白色水晶光對應著息法，能平息災害與危險；金黃色光代表增法，能增長福德、財富、幸福等等；紅寶石光相對於懷法，由此可得尊嚴、力量、光輝、莊嚴或懷攝力；深藍色表誅法，可以摧毀任何有害譬如仇恨的憤怒事業；翡翠綠光是以上四事業的總集；淡藍灰色光則是上述五種以外的任何事業。

無一物能穿透此多層的護輪，無法摧破，如無法穿透的城堡一般，任何衝突、事件或災難都無法侵犯或影響它。

欲修此法利益他人時，觀想任何需要受保護的人，在行者自觀為度母的下方，位於護輪之內。需要受保護的可以是個人、團體、或國家。若是為那些與行者有特殊關係的人修法，例如傳承上師或行者個人的上師，就應該觀想他們以平常的身相顯現於行者前面，在所有護輪光球層的中間。不需觀想上師的細節，只要憶念他們存在於前方即可。

　　此法通常是加插在日修儀軌中，但當行者具某種程度的證悟，且有緊急需要時，也可就地直接觀修並持誦咒語。

　　修法結束時回到正行，再次唸誦觀想融入的部分，雖然唸誦同樣的儀軌，但所融入的與正行不同。正行中，行者首先觀想金剛護輪和水晶宮殿的融入，此時行者觀想旋轉的各色光球層、烏巴拉花與旋轉的護輪等，依序融入。然後如正行一樣，行者以本尊的形相再生起，修持儀軌最後一頁的功德回向與結行偈。

　　此法唯有在人們需要特別保護時才修，當一人或多人遭受極端危險威脅時，很明顯地行者必須事前知道這件事。除此外，這必須在行者能力所及的範圍內，才能奏效，行者至少需完成三種修法誓約中的一項作為基礎，才能產生成就修法的利益。沒有這樣的基礎，修法就不會產生力量。持咒一百萬遍是最基本的，但也唯有當行者如法修持、完全了解並具虔敬心時才行。行者也需有護輪修法的訓練，如此在需要時才有穩固的觀想。

學生：在光球間的烏巴拉花是否象徵清涼與新鮮呢？花朵是否朝著一定的方向？

白度母修法

仁波切：我不曾在任何註釋中見過特別的說法，但在類似觀想的其它修法中，花朵應具新鮮與清涼的特質。新鮮是因為它們未被使用過，清涼是因為它們代表解脫水深火熱的苦難，就是像這樣。當修此法時，感覺所有的烏巴拉花全面向觀為度母的自己。像攀牆生長的籐蔓，花朵全朝著自己。清新的花朵似沾有清晨的露珠，我不曾聽說它們有什麼特別的象徵。

獲得利生的力量

唯有達到一定程度的證悟，我們才能成就對眾生的重大利益。如前所述，為成就白度母法，我們必須至少完成修法三種誓約中的一種：數目、時間或終生修習。當一個人成就了修法的真義，據說能擁有二十一種善巧，以利益他人，幫助他人獲得相對與究竟悉地。

因此，我們成就修法的真義是極為重要的。沒有證德，我們將無法知道善巧是什麼，及如何去運用這些善巧。不僅如此，縱使我們獲得一二種善巧，仍然無法有效地運用。這就是為何長時間浸淫於修法，並鼓勵他人修法是非常有利益的。唯有不斷地修習，將修法與生活結合在一起，我們才能真正成為他人的利益之源。

為什麼如此呢？可以這樣思惟：能賦予形式真義的是其實質內涵。譬如說，加持帶具有大加持力，任何人都能唸個咒子並在繩子上打個結，然後戴在你的脖子上。如果打個繩結，唸個咒就算數，那麼任何人都可以做得到。但加持帶所具有的遠多於此，有許多例證顯示加持帶救活過人命。帶子僅是一項工具，透過它而得到加持，此是證悟之果，並不是咒語本身的力量與加持。咒語也是工具，由它傳達了證悟，而成就利益。

因此，以手或其它方式給予加持，並非只是空洞的宗教儀式或習俗，那是傳達某些究竟或世俗利益的方式，僅靠咒語本身是不夠的。

有個故事可說明此點：曾經有個很精進的行者獨自在閉關，他的山洞在崖壁高處，有時他會離開山洞去汲水，補充其它必需品。一天當他離開山洞時，正刮著風，一頁法本被風吹了過來。他撿起來一看，發現是個咒語的解說，上面說如果唸滿某一數目，此人就能飛。

由於此頁法本是正巧被風吹到他面前的，使他相信自己一定是命中注定修此咒語的幸運者。他沒有想到這僅是一個極長法本中的一頁，而且所看到的咒語是個應用咒語。在持誦應用咒語前，行者一定要先完成該本尊的正行法，完成正行修持後，才可以單獨修應用咒語，依著正行的力量，應用咒語才可能發揮效用。這個修行人並不了解這一切，而咒語自天而降沒有上下文，他想能飛是件好事，回到洞內便開始持誦這個咒語。

由於不知那只是某種極長法本的一部分，所以他也不知持咒時的觀想是什麼，更不知道是依據哪位本尊而成的法。他所知道的僅是這個咒語，就坐在那裏不停地持誦，他堅信圓滿咒語的數目後就能飛。唸滿咒語的那天，他走到洞口，從住的地方往崖下看心想：“來試試看。”隨後縱身往下一跳，結果直線下墜，跌斷了腿。

他跌斷了腿，躺在河岸邊，有人經過時，看到並問他：“你怎麼了？”他回答說：“我被法本打敗了。”所以要知道，要能夠有效成就任何應用法門，並利益眾生前，必須先廣闊深入的修持正行，這是很重要的。

　　說到這點，同理，現在常有人尤其是在西方，有些人未曾正式皈依、聽聞佛法，也不了解金剛乘修持的涵義，只是在書店瀏覽時偶然看到一本書描述佛教金剛乘傳承的一些修法，可能是拙火、幻身、夢瑜伽、遷識、淨光瑜伽或其他類似的法。書上說這些法是多麼深邃、奧妙，但卻沒提到必需有充分詳盡的訓練，也沒提修這些法首先必需有的前行法：灌頂、口傳和完整的教授。這些人買了書閱讀後就開始修煉，這當然不會有結果，因為這完全是斷章取義。

　　有時我會遇到一兩位這樣的人，他們說："我已經修行很多很多年了。"但當我問他的修持背景時，他們說："噢，我在這麼一本書內看到這樣的一些話，那是我修持的依據。"如果這個人是修慈心與悲心，或許還有些益處，但如果他們不了解修行的根本，只是執著於偶然讀到的某些斷章取義的特殊修行方法，那麼他們基本上與那位從山洞跳下摔斷腿的人是一樣的情形。這就是為什麼有系統地接受訓練，並且從具德上師處，時時得到教授是十分重要的。

　　因此重要的是實質內涵，要利己利人，持咒當然必須先圓滿一定數目，但那必須是在完整修法的情況下完成。咒語就像一支箭，如果你告訴別人說箭能做這做那，任何一個聰明人都會說："不對，不是那樣，箭本身不可能做那些事。"只有修行得證悟時，咒語才會有大效力。效力不是由於咒語，而是因為修行所積聚的力量。這就像箭，能射出去是因為弓的力量。同樣，僅是咒語就像一部沒了汽油的車，開不動。這就是為什麼修法的教授是如此重要。

我們的情形就像一個需要房子的人，冬天嚴寒時我們需要禦寒。夏天我們或許不需要房子，但冬天時我們一定需要房子和暖氣。然而，如果冬天到了，我們才驚覺並決定"我現在需要蓋間房子"，情況將不允許。我們必須事前計劃，歷經建造房子的過程，並設立暖氣系統。當我們需要時，房子已矗立在那兒了。同樣地，如果我們真的想利益他人，那麼首先就必須修持完整的儀軌，持誦一定數目的咒語。

雖然長壽咒是白度母的主要咒語，初修時並不建議專注於長壽咒上。行者需先奠好基礎，因此初修時應盡力持誦根本咒，而長壽咒的數目則是根本咒數目的十分之一，事實上是作為清淨用途的。然後，修行自會逐漸增上與轉變。

結 語

　　修行要有成效，最重要的因素在正確的發心和信心。"正確的發心"是指修法的目的是基於慈悲心和菩提心。修法所有其他方面的茁壯成長，都是以慈悲心和菩提心為基礎，所以能引致利己利人的成功修法，端賴此發心。沒有正確的發心就像一個破損的容器，無法保持住任何加持或利益。

　　"信心"或"信任"是指衷心相信修持是有效的，一定能產生預期的利益。當然理想上也需要嫻熟的技巧，例如本尊所有細節的清晰觀想等，但行者對本尊以及修法的信心更為重要。

　　當行者覺得修法成效技巧未如預期時，這本身不是障礙，這就像將貴重的物品放在有鎖的房間暫時無法打開一般。如果行者自己或父母家人等信賴的人，將極有價值的物品放在有鎖的房間內，即使自己看不到，但還是對它的存在有信心。行者知道為了取得這物品，歷經任何必要的程序來拿取都是值得的。當你從房內取得物品時，便憬悟到那是與生俱有的。這是"信任"或稱為"交付"態度的一種比喻。

　　如果以那種程度的信心來修法，必定能獲得修法應有的利益。如果信心是針對本尊以及源自此法門的傳承，將尤其有效。行者要有堅定的信念，相信法門正確有效，本尊的加持是真實的，並且確信如果修持此法門，必定可以成就一定的利益。如此行者將會精進修習，早晚必能成就修法之果。

白度母修法

當我們缺乏這樣的信心時，就會發生問題。如果行者懷疑是否值得修這個法，認為：「好吧，也許這位本尊是真的，也許是捏造的。」或者「也許這法門真的有效，也許這只是某種文化的產物。」諸如此類，那麼修法就不太可能產生效用。因為讓修法產生效用的燃料就是你的信心，而這信心顯然欠缺了。

再回到我們的譬喻，這就好像行者並不肯定有任何貴重物品放在上了鎖的房內，如此就不會想去找鑰匙。因為你認為可能不會有什麼東西在屋內，就算有，大概也沒有什麼價值。

更深一層，還有比這更多的意義，因為證悟的過程包含兩種主要的信任：外在與內在的信任。外在的因素包括我們前面曾談到而此處所稱的「加持」；這是信任傳承上師的加持，因修法而獲得本尊的加持等。內在或本具的因素是我們所稱的「佛性」，這是能令修法產生功用的根本。究竟上，行者必須將自己交付給自己的本性，不僅對外緣要有信心，也需要相信自己的本性，才能經由修法的訓練而證果。

從往昔聖哲與偉大上師的故事中，我們看到很多例子。他們多年觀修本尊，但並未親見本尊或有任何成就的徵兆，然而長期精進的修行，使他們最終親睹本尊。許多故事描述他們對本尊抱怨說：「您待我不甚好啊！為什麼這麼久您才現身呢？」所有故事中，不論哪一本尊都回答同樣的話：「從你開始向我祈禱與觀修的第一天起，我就不曾與你分離。然而直到今天你才得見我，這是因為無明染污的阻撓。

染污未去除，所以見不到我。"

　　當我們真正開始修行時，有些人會覺得修法很容易，進展很快，而有些人會認為很困難。修法的難易度，與修法要成功所必須去除的業力染污程度多少有關。如果你覺得某個法很困難，即表示這個法門能對治你俱生的煩惱染污。這不僅是指白度母法而已，任何一種可能修習的法門都一樣。

　　我希望你們能認真看待這些教授，並且將所解說的牢記於心。如果只是紙上談兵而不牢記心上，將無法領會法門與教授的利益。譬如我們也許在書上看到一幅食物和衣服的圖片，但是圖片幫不了忙。要想免於飢寒，除了必須有真正的食物和衣服外，而我們也必須吃它和穿它才行。同樣地，對法門越了解，修法就越有力，覺受也就越佳。

　　要正確地開始修習，我們必須完成必要的前行，必須接受白度母的「灌頂」和「口傳」(lung)。「口傳」是不間斷傳承"語"的傳遞，如此我們才能正式開始修法。然而僅接受灌頂、口傳和教授仍不夠，我們必須如理如法精進修行。

　　得到灌頂、口傳與教授，就像農人有了一塊地，還需要辛勞工作，才會開花結果。必須先要栽培播種，接著澆水、除草等。耕耘播種的人在收割時，不僅自己有足夠的收成，還可與他人分享。越努力付出，可以供給自己與他人分享的收穫就越多。然而那些有地又有種

白度母修法

子但卻懶於耕耘的人，在收割時是無法有任何收穫的。自己和他人都無物可吃，他們有的只是塊貧瘠的土地。

有些人沒得到灌頂或口傳就嘗試修法，沒有這些前行條件或者修法不完全，雖然可能有些加持，但不會有同樣的效力。當然各方面都必須俱全，才有可能獲得各種程度的證悟。

許多故事都闡明這一點。例如，一千多年前在印度有隻鴿子住在一棟建築物的椽下，每天都有佛教學者聚集在那兒讀誦佛經。由於它經常聽聞佛經，死後轉生為一偉大的學者，名叫印亞尊者(Lord Inya)。他非常聰明，能毫不費力地背誦九十九萬冊佛陀的教法，這是他前一世不斷聽聞佛經的結果。但因為他不曾接受口傳，所以缺乏證悟。這證明了沒有正確的基礎，就不可能得到完整的成果，但這並不是說完全沒有任何利益。

在目前艱困的時期裏，有許多護祐的方法，其中最好的也許就是白度母法。如此說並不是僅指護輪的應用修法，而是指整體的修法。即使你每天只是修習正行部分，對自己和與己有緣的人都很有助益。當然最好的情形是，能完成圓滿修法的誓約。但在達成誓約之前，或即使沒機會完成，如果對度母具虔敬、誠心、與信任，認真持續地修持，也一定能體會到修法的利益的。

　　我憂慮的是，西方有成千上萬的專家、學者，但我很少聽說有西方人因修持而得到些許的成就。我希望你們能特別留意，並將這些教授牢記於心。如果能圓滿又精進地修持，則此如意輪—白度母法門將帶給你們圓滿的覺醒。

贊助者的回向

　　贊助出版這本書，是出於我對如意輪白度母法無上的虔敬。我個人在乳癌轉移後能顯著的康復，可以作為白度母力量的一種證據。正當我瀕臨放棄與癌症長期的奮戰時，白度母來到我的生命中。就在開始修習白度母法後，我被介紹到美國另一城市去看一位醫生，他前衛的癌症療法證明十分有效。這是度母起了作用！幾個月的時間，病情緩和下來，直到目前都還持續穩定。

　　文字不足以表達我對堪布卡塔仁波切的感激，感謝他賜予我此法的口傳與教授，還有他與傳承的加持。

　　願書中的珍貴瑰寶能引導更多人進入度母修行之門，修持此法，祈願得解脫，以利益一切眾生。

克麗絲汀梵安登
貝斯非 紐約 2003年二月

Kristin Van Anden
Bearsville, New York, February 2003

註　解

1. 密續有時分為四部傳承；但無上瑜伽密續（*naljor la na may pai gyu*）是瑜伽密續（*naljor gyu*）的分支，故成為三主要傳承。

2. 父續、母續和不二密續都屬於無上瑜伽密續。不二密續是母續與父續的無分別續。

3. 字義上，「悉地」（*siddhi*）意思是"成就"。「勝義悉地」是完全的證悟；「世俗悉地」是指世俗的力量如神通與長壽。[編者按]

4. 種敦巴（Dromtönpa）是在家居士，獲得度母的證境。他受持最高的在家戒，稱為「倉卻」（*tsang chö*）或「恭每給涅」（*gongmai genyen*）。受持最高的在家戒律時，雖現在家相，但持守獨身的完全戒律。

5. 卓貢仁千（Drogön Rechen）是泰錫度（Tai Situ）轉世的前生，那時期他尚未被尊稱為「泰錫度」。卓貢仁千曾多次轉世。「泰錫度」的名銜來自中國皇帝，他是當時中國皇帝的國師。「泰錫度」（大司徒）是中文名號，尊貴的意思。自頒賜名號迄今，已有十二世的錫度巴的轉世。

6. 龐扎巴蘇南多傑（Pomdrakpa Sonam Dorje）是仁千巴（*Rechenpa*）的弟子，是噶瑪巴希（Karma Pakshi）的上師。龐扎巴後來的轉世，在白度母傳承並未具重要地位。

7. 烏金巴（Orgyenpa）在世時是位著名學者，但沒有轉世。許多偉大的上師也都如此。因此雖有些名字在傳承內一再出現，但也有一些具偉大佛行事業者，並未繼續轉世。

8. 雍敦巴（Yungtönpa）和烏金巴一樣，生前是傳承內非常重要的上師，但沒有任何轉世的歷史記載。

9. 在此之前的夏瑪巴（Shamarpa）並未在此特別的傳承內。

10. 奔噶蔣巴桑波（Bengar Jampal Zangpo）著稱的另一件事，是把西藏的一大湖命名為天湖（*Namtso*）。湖中心有一小島，他取名為索瑪多（*Sormodho*），意思是如指甲般大小的小島嶼。他在島上閉關十二年，如何存活，記載並不清楚。通常湖水若結冰，就能出來添取補給物，但湖水一直到他證悟才結冰。

11. 桑傑年巴（Sangye Nyenpa）也被稱為成就者札西巴久（**siddha** Tashi Paljor）。他是第一世桑傑年巴，在傳承持有上佔重要地位。現在的轉世是第十二世桑傑年巴祖古，他在隆德寺接受完全訓練。在許多轉世中，第一世桑傑年巴是唯一一位白度母傳承的持有者。

12. 噶瑪恰美（Karma Chagme）尤其著名，在宣揚這些教法上扮演了重要角色，但後來的轉世都不在白度母傳承內。噶瑪恰美是明珠多傑的導師，當明珠多傑於淨觀中親睹阿彌陀佛並得到教授時，噶瑪恰美替他記錄下來，成為有名的"天法"教法。噶瑪恰美還撰寫了我們平常修的瑪哈嘎拉短軌。

13. 西藏有許多地區，但分為三個主要部分，其中兩區是優（*U*）與倉（*Tsang*）。這兩區的政治領袖紛擾不休，噶瑪巴被迫離開他主要的法座，與幾位弟子四處流浪。雖然噶瑪巴是噶舉傳承的持有者，但卻沒機會持有這特殊傳承，政治動亂持續到他圓寂後。或許是動盪的局勢，第十一世及第十二世噶瑪巴皆青年早逝。

14. 此處，皈依佛，佛並不只是指歷史上的佛陀，而是指過去、現在、未來達致完全證悟的諸佛。更且，要視證悟本身之境界為三身：法身，證悟本身之境界；報身與化身，為利益他人的化現。因此，皈依佛也就是皈依過去、現在、未來的三身。

15. 法（*Chö*）也指了悟的活法義——亦即所有了悟實相的人心中對法義的了悟。

16. 法，藏文是「卻」（*Chö*），字義上"法"是"改變方向"。舉例說，生病的人希望有方法能治癒疾病，引申爲改變扭轉疾病的就是"法"。偉大的佛教大師世親 (Yiknyen 或稱Vasubandu)解釋法有兩層意義：「丘巴」（*Chöpa*）與「就巴」（*kyöpa*）。「丘巴」意思是"改變方向"或"引出不同效果"。例如改變或扭轉生病之因而得痊癒。就如我們的煩惱染污行爲，在修行道上被改變而得到解脫。但僅是"丘巴"，不是法的完全定義，法也包括有"就巴"，意思是"保護"，此處意指保護未來不再發生。「丘巴」與「就巴」雙層的利益，是法的相對與究竟效用。世親清楚明白地指出，佛法的深奧基於此事實。由於法有此雙層的利益，任何真正的修行應該包括這二者。當然，如果只能去除痛苦，而不能保護免於復發的可能，則利益終究會枯竭，就會再陷入煩惱與痛苦中。

17. 空性（*Shunyata*），指現象界的空（外空）和內在概念心執著顯相的空（內空）。心所執著的境是五根的對境：色、聲等，執著於境的是具分別概念的心。檢視分別概念的心時就會知道，心並非真實存在。如果執實的心不存在，那麼色等也不可能存在。因爲它們是相依的，能執與所執相互依賴。現象界不能獨立存在，二者都非實存。因此，它們性空，離一切思慮。

　　然而，認為它們不存在，所以是空性，這只是思想。當你說它是空性時，你否定了它的存在，這樣的了解並不透徹。空性並不是了無一物，及無一物相關的可怕事情。相反，因空性的真諦，智慧的遊戲才能產生。你不能說這是原始本初智慧，那是空性。你不能將事物與其本質分開，空性與智慧不可分，不能摧壞。智慧能見到現象界與心性為空，智慧的遊戲是空性的表現，由於它是真正的本性，所以無法摧壞。

　　談論空性的概念，不需有失落感。失落感不是對空性的正確了解。此處將果位帶入前景的目的，是為營造一種無染污見解的環境，如此淨觀才能生起。

18. 「邊雜」（*Bedzra*）是梵文*vajra*的藏文發音，意思是 "不能摧壞" [*編者按*]

19. 二元對立的心是不清淨的，無分別概念的心是清淨、不造作的。因此，從空性與智慧無分別之境中，不造作之心以 "吽"（HUNG）音生起。

20. 這類法門應有助於更進一步了解佛教教法，尤其是金剛乘的修法。從 "吽"（HUNG）化現出金剛護圍，從 "仲"（DRUNG）化現出無量宮，這就如切除一個人的執著概念。無量宮與護圍並非實質存在，由於我們的執著習性，這樣的見解可能有些困難。若 "仲" 實

質存在，又如何能化現出無量宮呢？

21. 供養諸佛菩薩，利益有情眾生，是自觀為本尊極為重要的基礎。唯有積聚福德，此處以對聖眾的供養及對有情的布施來表示，才有可能實現一個人的本俱潛能，成就本尊。福德的積聚就是成就本尊的工具，缺乏福德，是不可能達到完全證悟的。

22. 色身（rupakaya），即報身與化身。為利益眾生而化現，是究竟本性或法身的化現。在相對面上能被覺知、能利益眾生。

23. 讓我闡明所謂佛在三世利益眾生的意義。當我們說沒有佛法也沒有佛的時代，是指某一特別的世界。根據佛教的觀點，宇宙有很多世界，如果某一個世界沒有佛法，則原則上可以說沒有佛法而且沒有佛。同時，當我們說末法眾生煩惱熾盛，是指眾生的心被煩惱染污，即使佛陀出現為他們說法，他們也無法聽聞佛法。但是在這兩種情況下，縱使不是經由佛法的教導，佛陀也可以化現身相，利益眾生。以這種方法，諸佛在三世無止息的利益眾生。

24. 毗盧遮那佛、阿閦毗佛、寶生佛、阿彌陀佛、和不空成就佛與其佛母分別是白色、藍色、黃色、紅色、與綠色。**[編者按]**

25. 最好能有真正的食子，但在學會做食子之前想要修法，可以用餅乾供養。

26. 傳統上，大部分修法在禮讚、吉祥文（*trashis*）以及較詳盡的供養偈文中，每四句末要搖鈴。傳統的八供在最後供養音樂時，也要搖鈴。[編者按]

27. 儀軌上用"那究"（*naljor*）一詞，此處僅簡單不很嚴謹地譯爲"修行者"，指修此法的人。然而"那究"通常譯爲"瑜伽士"（*yogi*）。"瑜伽士"（*yogi*）是梵文，指"全心全力修行的人"。瑜伽士深解佛法，知道如何運用身語意三門來修行。他們知道應用於身語意上的方法，並非身外之法。他們深諳方法，了解透徹，並能與修行結合，能夠表達身語意證悟的每一層面，唯有如此才宜稱爲瑜伽士或瑜伽女。我強調此點，是因爲我擔心如果每個人都被稱爲瑜伽士或瑜伽女，就等於稱呼每個人爲「喇嘛」（lama）一樣，許多印度人和尼泊爾人都有這樣的誤解，他們以爲所見到的任何一位西藏修行人都是「喇嘛」。

28. 字義上是指"眷屬"，意思是與我們有緣的人，我們希望爲他們祈禱。

附錄 *A*

ༀ། །ཀུན་མཁྱེན་ཏཱའི་སི་ཏུ་བསྟན་པའི་ཉིན་བྱེད་ཀྱིས་མཛད་པའི་

སྒྲོལ་དཀར་རྒྱུན་ཁྱེར་བཞུགས་སོ།།

白度母日修儀軌

遍知泰錫度滇貝寧傑 造

ༀ། ༄་ སུ་ སྟི། བླ་མ་དང་འཕགས་མ་སྒྲོལ་མ་ལ་ཕྱག་འཚལ་ལོ། འདིར་རྣལ་འབྱོར་མ་རྒྱུད་སྒྲོལ་མ

嗡 梭地　　頂禮上師與聖度母　　　　　此"贖脫死亡白度母法"

མངོན་འབྱུང་ལས། འཆི་བ་བསླུ་བྱེད་དཀར་མོན། ཞེས་སྟོན་དུ་གསུངས་པའི་ལས་ཀྱི་ལྷ་དང་། འཁོར་ལོ་ལྗང་གུ་བསྟན་

出自瑜伽母續"現證度母"。　　最初講述爲事業本尊　　及"綠輪"〈綠度母〉，

པའི་འཕྲོས་སུ་གསུངས་པ་སྒྲོལ་དཀར་ཡིད་བཞིན་འཁོར་ལོ་འདིའི་ཁོངས་སུ་མན་ངག་རིགས་པ་རྣམས་བཞིན་པ་ལྟར། དེའི་མན་

次講述"白度母如意輪"之精要口訣。　　　　　　　　　　　　此祕法

དག་དང་དབང་གྲགས་པའི་གཞུང་གི་རྗེས་སུ་འབྲངས་ནས་ཇོ་བོ་རྗེ་ཆེན་པོའི་ལུགས་གཙོ་བོར་བྱས་ཏེ་མངོན་བསྐྱེད་པའི་ཆོལ་

依據那旺扎巴之論義，著重阿底峽尊者之傳承。　　　此儀軌特爲欲修習白度母簡軌者造。

བྱིས་ཉམས་སུ་ལེན་པར་འདོད་ན། སྒྲོལ་དཀར་རྒྱུན་ཁྱེར་གྱི་བརྒྱུད་པའི་གསོལ་འདེབས་ནི།

白度母日修儀軌傳承祈請文如下：

ༀ། ན་མོ་གུ་རུ་ཨཱརྱ་ཏཱ་རཱ་ཡེ།

NAMO GURU ARYA TARA YE

禮敬上師及與度母尊，

སྒྲོལ་མ་ངག་གི་དབང་ཕྱུག་གསེར་གླིང་པ།

DROL MA NGAK GI WANG CHUG SER LING PA

度母、那吉旺丘、色令巴 (金洲大師)、

ཇོ་བོ་འབྲོམ་སྟོན་ཆེན་ལྔ་བྲེ་པའི་ཞབས།

JO WO DROM TÖN CHEN NGA DRE PAI SHAB

覺渥(阿底峽)、種敦、千噶及皆巴、

དྭགས་པོ་དུས་མཁྱེན་རས་ཆེན་སྤོམ་བྲག་པ།

DAK PO DU KHYEN RAY CHEN POM DRAK PA

達波(岡波巴)、杜謙(杜松謙巴)、仁千、龐扎巴、

གྲུབ་ཆེན་ཆོས་ཀྱི་བླ་མར་གསོལ་བ་འདེབས།

DRUB CHEN CHÖ KYI LA MAR SOL WA DEB

大成就者巴希我祈請，　　(噶瑪巴希)

ཨོ་རྒྱན་པ་དང་རང་བྱུང་གཡུང་སྟོན་རྒྱལ།

ÖR GEN PA DANG RANG JUNG YUNG TÖN GYAL

烏間巴及讓炯、雍敦聖，

རོལ་རྡོར་མཁའ་སྤྱོད་དབང་པོ་དེ་བཞིན་གཤེགས།

ROL DOR KHA CHÖ WANG PO DE SHIN SHEK

若多(若佩多傑)、卡卻旺波、德新謝、

རིག་རལ་དོན་ལྡན་བེན་གར་གོ་ཤྲི་རྗེ།

RIK RAL DÖN DEN BEN GAR GO SHRI JAY

瑞惹、通殿、奔噶、郭殊嘉、

ཆོས་གྲགས་རྒྱ་མཚོའི་ཞབས་ལ་གསོལ་བ་འདེབས།

CHÖ DRAK GYAM TSOI SHAB LA SOL WA DEB

卻札嘉措足前我祈請，

སངས་རྒྱས་མཉན་པ་མི།

SANG GYE NYEN PA MI

桑傑年巴、米究、

བསྐྱེད་དགོན་མཆོག་འབངས།　　｜དབང་ཕྱུག་རྡོ་རྗེ་ཆོས་དབང་རྣམ་དག་མཚན།

KYÖ KÖN CHOG BANG　　　WANG CHUG DOR JE CHÖ WANG NAM DAK TSEN

昆秋邦、　　　　　　　　旺秋多傑、卻旺（卻吉旺秋）南達稱、

｜གཀྲ་ཚགས་མེད་དུལ་མོ་དཔལ་ཆེན་པོ།　　｜བསྟན་པའི་ཉིན་མོར་བྱེད་ལ་གསོལ།

KAR MA CHAG MAY DUL MO PAL CHEN PO　　TEN PAI NYIN MOR JAY LA SO

噶瑪恰美、杜模、巴千波、　　　　滇貝寧莫傑等我祈請，

བ་འདེབས།　　｜བདུད་འདུལ་རྡོ་རྗེ་པདྨ་ཉིན་བྱེད་དང་།　　｜ཐེག་མཆོག་རྡོ་རྗེ་པདྨ

WA DEB　　　DÜ DUL DOR JE PE MA NYIN JE DANG　　TEK CHOG DOR JE PE MA

都杜多傑、貝瑪寧傑等，　　　　　帖秋多傑、貝瑪

གར་དབང་རྩལ།　　｜མཁའ་ཁྱབ་རྡོ་རྗེ་པདྨ་དབང་མཆོག་རྒྱལ།　　｜མཁྱེན་བརྩེའི་འོད་ཟེར

GAR WANG TSAL　　KHA KHYAB DOR JE PE MA WANG CHOG GYAL　　KHYEN TSE'I Ö ZER

噶旺察、　　　　卡洽多傑、貝瑪旺秋尊、　　　欽哲歐瑟、

རིག་པའི་རྡོ་རྗེའི་ཞབས།　　｜རྩ་བརྒྱུད་བླ་མ་ཀུན་དངོས་རྗེ་བཙུན་མ།　　｜གང་གི་སྨིན་གྲོལ་བཀའ

RIK PAI DOR JE'I SHAB　　TSA GYU LA MA KUN NGÖ JE TSUN MA　　GANG GI MIN DROL KA

利佩多傑前，　　　　根傳上師總集聖度母，　　　諸凡成熟解脫

༄༅།

བབས་བརྒྱུད་པའི་སྲོལ།

BAB GYU PAI SOL

教傳義，

རིམ་པ་དྲུག་ལྡན་རྣམས་ལ་གསོལ་བ་འདེབ།

RIM PA DRUNK DEN NAM LA SOL WA DEB

圓具六次第者我祈請。

|བསྐྱེད་རྫོ

KYE NGAK

究竟

རྫོགས་པའི་རིམ་པ་མཐར་ཕྱིན་ཏེ།

DZOK PAI RIM PA TAR CHIN TE

嫻習生、咒、圓次第，

འཆི་མེད་ཡེ་ཤེས་རྡོ་རྗེའི་སྐུ་མཆོག་འགྲུབ།

CHI MAY YE SHE DOR JEI KU CHOK DRUB

成就無死勝智金剛身，

རྒྱལ།

GYAL

བ་ཀུན་བསྐྱེད་ཡིད་བཞིན་འཁོར་ལོ་དང་།

WA KUN KYE YI SHIN KHOR LO DANG

生諸佛如意輪祈無別，

དབྱེར་མེད་དོན་གཉིས་ལྷུན་གྲུབ་བྱིན་གྱིས་རློབས།།

YER MAY DÖN NYI LHUN DRUB JIN GYI LOB

任運成就二利祈加持。

*****

སངས་རྒྱས་ཆོས་དང་ཚོགས་ཀྱི་མཆོག་རྣམས་ལ།

SANG GYE CHÖ DANG TSOK KYI CHOK NAM LA

諸佛正法聖僧眾，

།བྱང་ཆུབ་བར་དུ་བདག་ནི་སྐྱབས་སུ་མཆི།

JANG CHUB BAR DU DAK NI KYAB SU CHI

直至菩提我皈依，

།བདག་གི་སྦྱིན་སོགས་བགྱིས་པའི་བསོད་ནམས་ཀྱིས།

DAK GI JIN SOK GYI PAI SÖ NAM KYI

以我佈施等功德，

།འགྲོ་ལ་ཕན་ཕྱིར་སངས་རྒྱས་འགྲུབ

DRO LA PEN CHIR SANG GYE DRUB

為利眾生願成佛。

པར་ཤོག | ནས་སྐྱབས་འགྲོ་སེམས་བསྐྱེད་དོ༔

PAR SHOK

（三次） 如是皈依發心。

སེམས་ཅན་ཐམས་ཅད་བདེ་བ་དང་བདེ་བའི་རྒྱུ་དང་

SEM CHEN TAM CHAY DE WA DANG DE WAI GYU DANG

願一切有情具樂及樂因，

ལྡན་པར་གྱུར་ཅིག | སྡུག་བསྔལ་དང་སྡུག་བསྔལ་གྱི་རྒྱུ་དང་བྲལ་བར་གྱུར་ཅིག | སྡུག

DEN PAR GYUR CHIK DUK NGAL DANG DUK NGAL GYI GYU DANG DRAL WAR GYUR CHIK **DUK**

願一切有情離苦及苦因，

བསྔལ་མེད་པའི་བདེ་བ་དམ་པ་དང་མི་འབྲལ་བར་གྱུར་ཅིག | ཉེ་རིང་ཆགས་སྡང་དང་བྲལ

NGAL MAY PAI DE WA DAM PA DANG MIN DRAL WAR GYUR CHIK NYE RING CHAG DANG DANG DRAL

願一切有情不離無苦之妙樂， 願一切有情常住遠離親疏愛憎

བའི་བཏང་སྙོམས་ཆེན་པོ་ལ་གནས་པར་གྱུར་ཅིག | ནས་ཚད་མེད་བཞི་བསྒོམ༔ | ཨོཾ་ཤཱུནྱ་ཏཱ་ཛྙཱ་ན

WAI TANG NYOM CHEN PO LA NAY PAR GYUR CHIK **OM SHUNYATA JNANA**

之大平等捨。 如是觀修四無量心。 嗡 修釀達 佳那

བཛྲ་སྭ་བྷཱ་ལ་ཨེ་མ་ཀོ་ཨ་ཧཾ | ཀྱིས་སྦྱངས༔ | སྟོང་པའི་ངང་ལས་མ་བཅོས་པའི་སེམས་ནང་ཧཱུྃ་གི

BEDZRA SOBHAWA EMAKO HAM TONG PAI NANG LAY MA CHÖ PAI SEM NANG HUNG GI

邊雜 梭巴哇 耶瑪郭 杭木 如是清淨。 空性中生起無作心，化現 "吽" 音

༄༅། བྲ་གདངས་ནམ་མཁའ་གང་བ་དང་བཅས་པ་ལས་རྡོ་རྗེའི་སྲུང་འཁོར་ར་གུར་མེ་དཔུང་འབར་

DRA DANG NAM KHA GANG WA DANG CHE PA LAY DOR JEI SUNG KHOR RA GUR MAY PUNG BAR

遍虛空。　　　　　由此化出寬濶廣大金剛護輪及帳幕，　　火焰熾燃，

བ་ཡངས་ཤིང་རྒྱ་ཆེ་བར་གྱུར་པའི་དབུས་སུ་བྲུྃ་ལས་ཟླ་བ་ཆུ་ཤེལ་གྱི་གཞལ་ཡས་ཁང་།

WA YANG SHING GYA CHE WAR GYUR PAI Ü SU DRUNG LAY DA WA CHU SHEL GYI SHAL YE KANG

於其中心有 "仲" 字化成水月晶無量宮。

དེའི་དབུས་སུ་པྃ་ལས་པདྨ་དཀར་པོ་སྡོང་བུ་དང་བཅས་པ་རབ་ཏུ་རྒྱས་པའི་སྟེང་དུ་ཨ་ལས་

DE'I Ü SU PAM LAY PE MA KAR PO DONG BU DANG CHAY PA RAB TU GYE PAI TENG DU AH LAY

於此無量宮中心有 "榜" 字轉化爲帶莖盛綻白蓮花，　花上有 "阿" 字

ཟླ་བ་ཉ་གང་བ་རྙོག་པའི་དྲི་མ་དང་བྲལ་བ་དེའི་སྟེང་དུ་རང་སེམས་ཏྃ་དཀར་པོ་

DA WA NYA GANG WA NYOK PAI DRI MA DANG DRAL WA DE'I TENG DU RANG SEM TAM KAR PO

化成清淨無垢滿月輪。　　月輪上自心以白 "當" 字現起，　　化成一朵

ལས་ཨུཏྤལ་དཀར་པོ་ཏྃ་ཡིག་དཀར་པོས་མཚོན་པ།　　དེ་ལས་འོད་འཕྲོས་འཕགས་པ་མཆོད།

LAY UTPAL KAR PO TAM YIG KAR PÖ TSEN PA　　　DE LAY Ö TRÖ PAK PA CHÖ

白色烏巴拉花，花中有白 "當" 字爲標誌。　白 "當" 字放光供養一切諸佛菩薩聖眾，

སེམས་ཅན་གྱི་དོན་བྱས།　　　ལར་དུ་ཤིང་ཡོངས་སུ་གྱུར་པ་ལས་རང་ཉིད་འཕགས་མ།

SEM CHEN GYI DÖN JAY　　　LAR DU SHING YONG SU GYUR PA LAY RANG NYI PAK MA

並照諸眾生，行義利已，光收攝返入"當"字與白烏巴拉花。自身化爲聖度母，

སྒྲོལ་མ་སྐུ་མདོག་ཟླ་བ་ཆུ་ཤེལ་ལྟར་དཀར་ཞིང་འོད་ཟེར་ལྔ་ལྡན་དུ་འཕྲོ་བ་སྒེག་ཅིང་ཆགས།

DROL MA KU DOK DA WA CHU SHEL TAR KAR SHING Ö ZER NGA DEN DU TRO WA GEK CHING CHAG

身白色似水月晶，　放五色光，　優雅顔慈，

པའི་ཉམས་ཅན་དུ་འབུར་བུང་གིས་མཛེས་པ　　　ཞི་བ་ཆེན་པོའི་འཛུམ་ཞལ་ཅན།　　　དབུ

PAI NYAM CHEN NU BUR ZUNG GI DZAY PA　　　SHI WA CHEN PO'I DZUM SHAL CHEN　　　Ü

妍麗豐乳，　　　　　　　　　寧靜含笑。

ལ་སྤྱན་གསུམ་དང་།　　ཕྱག་ཞབས་བཞིའི་མཐིལ་དུའང་ཆེན་རེ་རེ་སྟེ་ཡེ་ཤེས་ཀྱི་སྤྱན་བདུན

LA CHEN SUM DANG　　　CHAG SHAB SHI'I TIL DU'ANG CHEN RE RE TE YE SHE KYI CHEN DUN

前額三目，　　　　手足四掌各一目，圓具智慧七眼。

དང་ལྡན་པ།　　　ཕྱག་གཡས་པས་མཆོག་སྦྱིན་གྱི་ཕྱག་རྒྱ་དང་།　　　གཡོན་པ་མཐེབ་སྲིན་སྦྱར

DANG DEN PA　　　CHAG YAY PAY CHOG JIN GYI CHAG GYA DANG　　　YÖN PA TEB SIN JAR

右手結勝施印，　　　　　　左手姆指無名指

白度母修法

༄༅། བས་ཨུཏྤལ་དཀར་པོ་འདབ་བརྒྱ་སྙེན་དྲུང་དུ་རྒྱས་པའི་ཡུ་བ་ཐུག་ཀར་འཛིན་པ། མུ་ཏིག

WAY UTPAL KAR PO DAB GYA NYEN DRUNG DU GYE PAI YU WA TUK KAR DZIN PA MU TIK

於心間捻持一朵帶莖白色百瓣烏巴拉花，盛放於耳際。

དཀར་པོ་གཙོ་བོར་གྱུར་པའི་རིན་པོ་ཆེ་སྣ་ཚོགས་པའི་དབུ་རྒྱན་སྙན་ཆ་མགུལ་རྒྱན་དོ་ཤལ།

KAR PO TSO WOR GYUR PAI RIN PO CHE NA TSOK PAI Ü GYEN NYEN CHA GUL GYEN DO SHAL

其寶冠、耳環、短中長三串項鍊頸飾、

སེ་མོ་དོ་དཔུང་རྒྱན་ཕྱག་ཞབས་ཀྱི་གདུ་བུ་སྦེ་རགས་གཡེར་ཁའི་ཕྲེང་བ་དང་བཅས་པ།

SE MO DO PUNG GYEN CHAG SHAB KYI DUB BU KE RAK YER KHAI TRENG WA DANG CHAY PA

手鐲、臂釧、踝飾、具小鈴串之織錦腰帶，皆以各類珍寶主要是白色珍珠製成。

ལྷ་རྫས་ཀྱི་མེ་ཏོག་དུ་མས་མཛེས་པ།

LHA DZAY KYI MAY TOK DU MAY DZAY PA

全身花鬘莊嚴，飾以無量天華。

ལྷ་རྫས་ཀྱི་དར་དཀར་པོའི་སྟོད་གཡོགས་དང་།

LHA DZAY KYI DAR KAR PO'I TÖ YOK DANG

身着天絲白綢之上衣，

དབང་པོའི་གཞུ་ལྟ་བུའི་དར་གྱི་སྨད་གཡོགས་གསོལ་བ།

WANG PO'I SHU TA BU'I DAR GYI MAY YOK SOL WA

穿戴五色彩虹之絲裙。

དབུ་སྐྲ་ལི་བ་ལྟག་པར་བཅིངས་པ།

Ü TRA LI WA TAK PAR CHING PA

髮髻微卷垂繫於頸後。

ཞབས་རྡོ་རྗེའི་སྐྱིལ་མོ་ཀྲུང་གིས་བཞུགས་ཤིང་ཟླ་བའི་རྒྱབ་ཡོལ་ཅན་དུ་གྱུར།

SHAB DOR JE'I KYIL MO TRUNG GI SHUK SHING DA WAI JAB YOL CHEN DU GYUR

雙足金剛跏趺坐， 背倚滿月帷幕。

དེའི་དཔྲལ་

DE'I TRAL

前額嚴以

བར་ཨོཾ་དཀར་པོ།

WAR OM KAR PO

白"嗡"字，

མགྲིན་པར་ཨཱཿདམར་པོ།

DRIN PAR AH MAR PO

喉嚴以紅"啊"色，

ཐུགས་ཀའི་ཆ་སྨད་དུ་ཧཱུྃ་སྔོན་པོ།

TUK KA'I CHA MAY DU HUNG NGÖN PO

心下方嚴以藍"吽"字。

ཐུགས་ཀའི་

TUK KA'I

心中

དབུས་སུ་པད་དཀར་དང་ཟླ་བ་ལ་ཏཱྃ་དཀར་པོ།

Ü SU PAY KAR DANG DA WA LA TAM KAR PO

現白蓮， 月輪上白"當"字放光，

དེ་ལས་འོད་ཟེར་འཕྲོས་རང་བཞིན་གྱི་གནས

DE LAY Ö ZER TRÖ RANG SHIN GYI NAY

召請與觀想形相等同之智慧本尊，

ནས་བསྐོམ་པ་དང་འདྲ་བའི་ཡེ་ཤེས་པ་སྤྱན་དྲངས།

NAY GOM PA DANG DRA WAI YE SHE PA CHEN DRANG

從自性界降臨，融合爲一，無二無別。

བཛྲ་ས་མཱ་ཛཿ

BEDZRA SAMADZA

邊雜 薩瑪雜

ཨོཾ་བཛྲ་ཨརྒྷཾ

OM BEDZRA ARGHAM

嗡 邊雜 阿岡

སྭཱ་ཧཱ།

SOHA

梭哈

ཨོཾ་བཛྲ་པཱདྱཾ་སྭཱ་ཧཱ།

OM BEDZRA PADYAM SOHA

嗡 邊雜 巴當 梭哈

ཨོཾ་བཛྲ་པུཥྤེ་ཨཱཿཧཱུྃ།

OM BEDZRA PUKPE AH HUNG

嗡 邊雜 布貝 啊吽

ཨོཾ་བཛྲ་དྷུ་པེ་ཨཱཿཧཱུྃ།

OM BEDZRA DHUPE AH HUNG

嗡 邊雜 杜貝 啊吽

ༀ་བཛྲ་ཨ་ལོ་ཀེ་ཨཱ་ཧཱུྃ།

OM BEDZRA ALOKE AH HUNG

嗡 邊雜 啊洛給 啊吽

ༀ་བཛྲ་གནྡྷེ་ཨཱ་ཧཱུྃ།

OM BEDZRA GENDHE AH HUNG

嗡 邊雜 根喋 啊吽

ༀ་བཛྲ་ནཻ་ཝི་དྱེ་ཨཱ་ཧཱུྃ།

OM BEDZRA NE WIDYE AH HUNG

嗡 邊雜 涅威喋 啊吽

ༀ་བཛྲ་ཤཔྟ་ཨཱ་ཧཱུྃ།

OM BEDZRA SHABDA AH HUNG

嗡 邊雜 夏布達 啊吽

ཛ་ཧཱུྃ་བྃ་ཧོཿགཉིས་སུ་མེད་པར་ཐིམ།

DZA HUNG BAM HO NYI SU MAY PAR TIM

雜吽榜霍 尼速美巴聽

སླར་ཡང་ས་བོན་གྱི

LAR YANG SA BÖN GYI

復次，心中種字

འོད་ཀྱིས་དབང་ལྷ་རིགས་ལྔ་འཁོར་བཅས་སྤྱན་དྲངས།

Ö KYI WANG LHA RIK NGA KHOR CHAY CHEN DRANG

放光，迎請五佛部灌頂本尊與眷屬：

ༀ་པཉྩ་ཀུ་ལ་ས་པ་རི་ཝཱ་ར་ཨརྒྷཾ

OM PENTSA KU LA SAPARIWARA ARGHAM

嗡 遍札 固拉 沙巴瑞瓦惹 阿岡 梭哈

སྭཱ་ཧཱ།

SOHA

ༀ་པཉྩ་ཀུ་ལ་ས་པ་རི་ཝཱ་ར་པཱདྱཾ་སྭཱ་ཧཱ།

OM PENTSA KULA SAPARIWARA PADYAM SOHA

嗡 遍札 固拉 沙巴瑞瓦惹 巴當 梭哈

ༀ་པཉྩ་ཀུ་ལ་ས་པ་རི་ཝཱ་ར་པུཥྤེ

OM PENTSA KULA SAPARIWARA PUKPE

嗡 遍札 固拉 沙巴瑞瓦惹 布貝

ཨཱ་ཧཱུྃ།

AH HUNG

啊吽

ༀ་པཉྩ་ཀུ་ལ་ས་པ་རི་ཝཱ་ར་དྷུ་པེ་ཨཱ་ཧཱུྃ།

OM PENTSA KULA SAPARIWARA DHUPE AH HUNG

嗡 遍札 固拉 沙巴瑞瓦惹 杜貝 啊吽

ༀ་པཉྩ་ཀུ་ལ་ས་པ་རི་ཝཱ་ར

OM PENTSA KULA SAPARIWARA

嗡 遍札 固拉 沙巴瑞瓦惹

ALOKE AH HUNG

啊洛給 啊吽

OM PENTSA KULA SAPARIWARA GENDHE AH HUNG

嗡 遍札 固拉 沙巴瑞瓦惹 根喋 啊吽

OM PENTSA KULA

嗡 遍札 固拉

SAPARIWARA NEWIDYE AH HUNG

沙巴瑞瓦惹 涅威喋 啊吽

OM PENTSA KULA SAPARIWARA SHABDA AH HUNG

嗡 遍札 固拉 沙巴瑞瓦惹 夏布達 啊吽

SARWA TATHAGATA ABIKENTSA TU MAM

薩爾瓦 達塔嘎達 阿比肯雜 杜芒姆 (願諸如來賜我灌頂。)

SHE SOL WA TAB PAY WANG GI LHA NAM KYI

祈請已，灌頂本尊眾云：

JI TAR TAM PA TSAM GYI NI

"猶如佛陀降生時，

LHA NAM KYI NI TRU SOL TAR

諸天即前請沐浴，

LHA YI CHU NI

如是以天

DAK PA YI

清淨水，

DE SHIN DAK GI TRU SOL LO

我亦若是請沐浴。"

OM SARWA TATHAGATA ABIKEKATA

嗡 薩爾瓦 達塔嘎達 阿比喀嘎達

ༀ། ས་མ་ཡ་ཤྲི་ཡེ་ཧཱུྃ། ཞེས་གསུངས་ཤིང་བུམ་པའི་ཆུས་དབང་བསྐུར། སྐུ་གང་ དྲི་མ་དག

SAMAYA SHRIYE HUNG   SHAY SUNG SHING BUM PAI CHU WANG KUR   KU GANG   DRI MA DAK

薩瑪雅 希瑞耶 吽 (灌頂咒)   如是，灌頂寶瓶甘露盈身，   淨垢障。

ཆུ་ལྷག་མ་ཡར་ལུད་པ་ལས་རིགས་ཀྱི་བདག་པོ་འོད་དཔག་མེད་ཀྱིས་དབུར་བརྒྱན་པར་གྱུར།

CHU LHAK MA YAR LÜ PA LAY RIK KYI DAK PO Ö PAK MAY KYI UR GYEN PAR JUR

甘露餘水盈溢出頂上，化成部主無量光佛爲頂嚴。

སྤྲུལ་པའི་ལྷ་མོ་རྣམས་ཀྱིས་བདག་ཉིད་ལ་མཆོད་པར་མོས་ལ།

觀想幻化天女向行者行供養：

ༀ་ཨཱརྱ་ཏཱ་རཱ་ས་པ་རི་ཝཱ་ར་ཨརྒྷཾ་སྭ་ཧཱ།

OM ARYA TARA SAPARIWARA ARGHAM SOHA

嗡 啊呀 達惹 薩巴日哇惹 阿岡 梭哈

ༀ་ཨཱརྱ་ཏཱ་རཱ་ས་པ་རི་ཝཱ་ར་པདྱཾ་སྭ་ཧཱ།

OM ARYA TARA SAPARIWARA PADYAM SOHA

嗡 啊呀 達惹 薩巴日哇惹 巴當 梭哈

ༀ་ཨཱརྱ་ཏཱ་རཱ་ས་པ་རི་ཝཱ་ར་པུཥྤེ་ཨཱཿཧཱུྃ།

OM ARYA TARA SAPARIWARA PUKPE AH HUNG

嗡 啊呀 達惹 薩巴日哇惹 布貝 啊吽

ༀ་ཨཱརྱ་ཏཱ་རཱ་ས་པ་རི་ཝཱ་ར་དྷཱུ་པེ་ཨཱཿཧཱུྃ།

OM ARYA TARA SAPARIWARA DHUPE AH HUNG

嗡 啊呀 達惹 薩巴日哇惹 杜貝 啊吽

ༀ་ཨཱརྱ་ཏཱ་རཱ་ས་པ་རི་ཝཱ་ར་ཨཱ་ལོ་ཀེ་ཨཱཿཧཱུྃ།

OM ARYA TARA SAPARIWARA ALOKE AH HUNG

嗡 啊呀 達惹 薩巴日哇惹 啊洛給 啊吽

ཨོཾ་ཨཱརྱ་ཏཱ་རེ་ས་པ་རི་ཝཱ་ར་གནྡྷེ་ཨཱཿ་ཧཱུྃ༔

OM ARYA TARA SAPARIWARA GENDHE AH HUNG

嗡 啊呀 達惹 薩巴日哇惹 根喋 啊吽

ཨོཾ་ཨཱརྱ་ཏཱ་རེ་ས་པ་རི་ཝཱ་ར་ནེ་ཝི་དྱེ་ཨཱཿ་ཧཱུྃ༔

OM ARYA TARA SAPARIWARA NEWIDYE AH HUNG

嗡 啊呀 達惹 薩巴日哇惹 涅威喋 啊吽

ཨོཾ་ཨཱརྱ་ཏཱ་རེ་ས་པ་རི་ཝཱ་ར་ཤབྡ་ཨཱཿ་ཧཱུྃ༔

OM ARYA TARA SAPARIWARA SHABDA AH HUNG

嗡 啊呀 達惹 薩巴日哇惹 夏布達 啊吽

ལྷ་དང་ལྷ་མིན་ཅོད་པན་གྱིས༏ ཞབས

LHA DANG LHA MIN CHÖ PEN GYI SHAB

(天女唱誦：)"諸天非天服冠冕，

ཀྱི་པདྨོ་ལ་བཏུད་དེ༏

KYI PE MO LA TÜ DE

屈躬頂禮足下蓮，

ཕོངས་པ་ཀུན་ལས་སྒྲོལ་མཛད་མ༏

PONG PA KUN LAY DROL DZAY MA

貧苦困厄咸救度，

སྒྲོལ་མ་ཡུམ་ལ་ཕྱག་འཚལ༏

DROL MA YUM LA CHAG TSAL

救度佛母我禮讚"

བསྟོད༏ བཟླས་བྱ་བ་ནི༏ རང་གི་སྙིང་གར་པད་ཟླའི་སྟེང་དུ་འཁོར་ལོ་དཀར་པོ་རྩིབས

TÖ RANG GI NYING GAR PE DA'I TENG DU KHOR LO KAR PO TSIB

持誦咒語： 自心間蓮華月輪上，白色具輪圈八輻輪，

བརྒྱད་མུ་ཁྱུད་དང་བཅས་པའི་ལྟེ་བར་ཏཱྃ༏ དེའི་མཐར་མདུན་ནས་གཡས་བསྐོར་དུ༏

GYAY MU KHYU DANG CHAY PAI TAY WAR TAM DE'I TAR DUN NAY YAY KOR DU

軸心白"當"字， 輪軸邊緣從前方開始右旋排列：

169

ༀ། ཨོཾ་མ་མ་ཨཱ་ཡུཿཔུ་ཉྫེ་ཛྙཱ་ན་པུཀྟྲི་ཀུ་རུ་ཧ། ཚིབ་བརྒྱད་ལ། ཏཱ རེ ཏུཏྟ

OM MA MA AH YU PUNYE JNANA PUKTRIM KU RU HA   TSIB GYAY LA   TA   RE   TUT

嗡 瑪瑪 啊優 奔也 加拿 補克進 咕如 哈   八輻上：   達   列   都

ཏཱ རེ ཏུ རེ སྭཱ། ཡི་གེ་རྣམས་མུ་ཏིག་གི་དོག་པོ་ལྟར་དཀར་ཧྲཾ་མེ་མི་གཡོ་བར

TA   RE   TU   RE   SO   YI GAY NAM MU TIK GI DOK PO TAR KAR HRAM MAY MI YO WAR

達   列   都   列   梭   咒字色白鮮明，晶瑩似珍珠，靜止不動，

གནས་པ། དེ་ལས་འོད་འཕྲོས་རྒྱལ་བ་སྲས་བཅས་མཆོད། སེམས་ཅན་རྣམས་ཀྱི་ཚེ་སྤེལ

NAY PA   DE LAY Ö TRÖ GYAL WA SAY CHAY CHÖ   SEM CHEN NAM KYI TSE PEL

放光供養諸佛及佛子，   利益眾生，

བ་སོགས་ཀྱི་དོན་བྱས། འཕགས་པ་རྣམས་ཀྱི་བྱིན་རླབས་དང་བརྟན་གཡོ་འཁོར་འདས་ཀྱི་ཚེ

WA SOK KYI DÖN JAY   PAK PA NAM KYI JIN LAB DANG TEN YO KHOR DAY KYI TSE

增長壽元。   聖者之加持、情器界輪涅壽元之精華及

བཅུད་དངོས་གྲུབ་ཐམས་ཅད་འོད་ཟེར་གྱི་རྣམ་པར་བསྡུས། ས་བོན་སྔགས་ཕྲེང་དང

CHU NGÖ DRUB TAM CHAY Ö ZER GYI NAM PAR DU   SA BÖN NGAK TRENG DANG

成就皆收攝爲光，   融回種子字與咒鬘，

བཅས་པ་ལ་ཐིམ་པས་བཀྲག་མདངས་གཟི་བརྗིད་རབ་ཏུ་འབར་ཞིང་འཆི་མེད་ཚེ་ཡི

CHAY PA LA TIM PAY TRAK DANG ZI JI RAB TU BAR SHING CHI MAY TSE YI

光澤極爲燦爛，　　　　　　　　　　得無死成就。

དངོས་གྲུབ་ཐོབ་པར་གྱུར།　　｜ཅེས་པའི་ཏིང་ངེ་འཛིན་ལ་རྩེ་གཅིག་ཏུ་གནས་པས།

NGÖ DRUB TOB PAR GYUR

此名爲住於專一禪定。

ཨོཾ་ཏཱ་རེ་ཏུཏྟཱ་རེ་ཏུ་རེ་སྭཱ་ཧཱ　　｜ཞེས་རྩ་བའི་ཡི་གེ་བཅུ་པ་ཅི་ནུས་བཟླ།｜　མཐར　ཨོཾ་ཏཱ་རེ་ཏུཏྟཱ་རེ་ཏུ་རེ

OM TARE TUTTARE TURE SOHA　　　　　　　　　　　　　OM TARE TUTTARE TURE

嗡 達列 都達列 都列 梭哈　　盡力持誦根本十字咒：　之後，　嗡 達列 都達列 都列

མ་མ་ཨཱ་ཡུཿཔུཎྱེ་ཛྙཱ་ན་པུཥྚིཾ་ཀུ་རུ་སྭཱ་ཧཱ　　｜ཞེས་སྦྱར་ཚིགས་ཅན་ཡང་བཅུ་རྩ་བཅུད་རེ་བཟླའོ།｜　བསྙེན

MAMA AYU PUNYE JNANA PUKTRIM KURU SOHA

瑪瑪 啊優 奔也 加拿 補ₓ進 咕如 梭哈　混合之長短咒唸誦一百零八遍。

པའི་སྐབས་སུ་རྩ་སྔགས་འབུམ་ཚོ་བཅུ་བསགས་བསྙེན་ཐེབས་པ་ཡིན་ལ།　བྱེ་བ་བཟླས་པས་ལས་ཐམས་ཅད་འགྲུབ་པར་བཤད།

念修時，根本咒數目須達成一百萬遍。　　　　　　唸誦一千萬遍能成就一切事業。

171

白度母修法

༄༅། ཞག་བདུན་ཙམ་ལ་མཚམས་བཅད་ནས་གུས་སྒྲོ་དང་བཅས་ཏེ་བཟླས་པས་ཀྱང་དུས་མིན་གྱི་འཆི་བ་བཟློག་ནུས་པ་སྟྱོང་

僅只七日之閉關，虔敬精進唸誦，能迅速達成遮止非時死。

བས་གྲུབ་བོ།། དེའང་ཚེ་སྒྲུབ་གཙོ་བོར་བྱེད་སྐབས་དང་། རྒྱུན་བསྟེན་ལ་སྤྱགས་སྟེ་ལ་ཚིགས་ཅན་ཞིང་བཟླ་ཡིན་ནོ།

更且，若欲專注於成就長壽法， 並連續修持時（即每日修持此法），則應加強持誦長咒。

དེ་ནས་ཐུན་བསྡུ་བ་ནི།

然後結束本座修法。

*****

སྣང་སྲིད་ཐམས་ཅད་འཕགས་མ་སྒྲོལ་མའི་དཀྱིལ་འཁོར་དུ་གྱུར། དེ་ཐམས་ཅད་སྲུང་འཁོར

NANG SI TAM CHAY PAK MA DROL MAI KYIL KHOR DU GYUR DE TAM CHAY SUNG KHOR

　一切萬象化爲聖救度母壇城，　　　　　　　　　萬物融入護輪中，

ལ་ཐིམ། རང་ཉིད་རྟེན་དང་བརྟེན་པར་བཅས་པའང་རིམ་གྱིས་ཐུགས་ཀའི་ཏཾ་ལ་ཐིམ།

LA TIM RANG NYI TEN DANG TEN PAR CHAY PA'NG RIM GYI TUK KAI TAM LA TIM

　LA TIM　　能依所依均次第融入心中之 **“當”** 字，

དེའང་མས་རིམ་གྱིས་འོད་གསལ་དུ་ཞུགས་པར་གྱུར། སླར་རང་ཉིད་འཕགས་མ

DE'ANG MAY RIM GYI Ö SAL DU SHUK PAR JUR LAR RANG NYI PAK MA

　復次由底部次第化爲光明。　(此處可插入護輪應用修法)　之後自己再以聖救度母身

172

 སྒྲོལ་མའི་སྐུར་གྱུར་པའི་གནས་གསུམ་དུ་ཨོཾ་ཨཱཿཧཱུྃ་གིས་མཚན་པར་གྱུར། སྣང་གྲགས་ཀྱི་

DROL MAI KUR GYUR PAI NAY SUM DU OM AH HUNG GI TSEN PAR GYUR NANG DRAK KYI

現起，三處飾以"嗡、啊、吽"。 究竟勝義上，一切現象之顯現與音聲

ཆོས་ཐམས་ཅད་དོན་དམ་པར་རང་བཞིན་མེད་པ་སྣང་ཆ་སྒྱུ་མ་ལྟ་བུ་ཡེ་ཤེས་ལྷའི་

CHÖ TAM CHAY DÖN DAM PAR RANG SHIN MAY PA NANG CHA GYU MA TA BU YE SHE LHA'I

皆無自性，其顯現猶如幻化，乃智慧本尊極清淨之本質。

ངོ་བོར་རྣམ་པར་དག་གོ GE WA ... ཁྲོལ་མ་དཀར་མོ་འགྲུབ

NGO WOR NAM PAR DAK GO GE WA DI YI NYUR DU DAK DROL MA KAR MO DRUB

願我迅速依此善， 成就聖白度母身，

གྱུར་ནས། འགྲོ་བ་གཅིག་ཀྱང་མ་ལུས་པ། དེ་ཡིས་ས་ལ་འགོད་པར་ཤོག

GYUR NAY DRO WA CHIK CHANG MA LU PA DE YI SA LA GÖ PAR SHOK

一切眾生無有餘， 悉置彼之境界中。

ཕུན་མཚམས་སུ་གཏོར་མ་འབུལ་བ། དགར་གཏོར་ཕྱགས་རྣམ་བཤམས་ནས།

若供養食子，在一座法之間設置一白色"究敦食子"然後，

ཨོཾ་བཛྲ་ཨ་མྲྀ་ཏ

OM BEDZRA AMRITA

嗡 邊雜 阿(姆)瑞達

白度母修法

ༀ། གུན་ཌ་ལི་ཧ་ན་ཧ་ན་ཧཱུྃ་ཕཊ། གྱིས་བསང་། ༀ་སྭ་བྷཱ་ཝ་ཤུདྡྷ་སརྦ་དྷརྨཱ་སྭ་བྷཱ་ཝ།

KUNDRALI HANA HANA HUNG PAY　　　　　　　　OM SOBHAWA SHUDHA SARWA DHARMA SOBHAW

棍達利 哈那 哈那 吽 呸　以此灑淨。　　　嗡 梭巴瓦 修達 薩哪瓦 達瑪 梭巴瓦

ཤུདྡྷོ་ཧཾ། གྱིས་སྦྱངས། སྟོང་པའི་ངང་ལས་གཏོར་སྣོད་ཡངས་ཤིང་རྒྱ་ཆེ་བ།

SHUDHO HAM　　　　　TONG PAI NGANG LAY TOR NÖ YANG SHING GYA CHE WA

修多杭　以此清淨已。　　自空性中，現起由珠寶所成之廣大食子器皿，

རིན་པོ་ཆེ་ལས་གྲུབ་པའི་ནང་དུ་ༀ་ཨཱཿཧཱུྃ་འོད་དུ་ཞུ་བ་ལས་བྱུང་བའི་གཏོར་མ་འདོད་དགུའི།

RIN PO CHE LAY DRUB PAI NANG DU OM AH HUNG Ö DU SHU WA LAY JUNG WAI TOR MA DÖ GU'I

　　其內"嗡、啊、吽"字化光，光中升起食子，

རྒྱ་མཚོ་ཆེན་པོ་ཁ་དོག་དྲི་རོ་ནུས་མཐུ་ཕུན་སུམ་ཚོགས་པར་གྱུར། ༀ་ཨཱཿཧཱུྃ་ ལན་གསུམ།

GYAM TSO CHEN PO KHA DOK DRI RO NU TU PUN SUM TSOK PAR GYUR　　　OM AH HUNG

是具足、色、香、味、能力、活力所成之妙欲大海。　　　"嗡、啊、吽"三次或七次。

མམ་བཏུན། རང་གི་སྙིང་གའི་ས་བོན་ལས་འོད་འཕྲོས། ལྷོ་ཕྱོགས་པོ་ཊ་ལའི་རི་བོ་ནས་རྗེ།

RANG GI NYIN GAI SA BÖN LAY Ö TRÖ　　　　LHO CHOK PO TA LA'I RI WO NAY JE

　　自心種字放光，　　　　　　　　從南方波達拉山迎請

174

བཙུན་མ་སྒྲོལ་མ་དཀར་མོ་ལ་སངས་རྒྱས་དང་བྱང་ཆུབ་སེམས་དཔའི་ཚོགས་ཐམས་ཅད

TSUN MA DROL MA KAR MO LA SANG GYE DANG JANG CHUB SEM PA'I TSOK TAM CHAY

聖白救度母，諸佛菩薩圍繞。

ཀྱིས་བསྐོར་བ་བཛྲ་ས་མ་ཛཿ པདྨ་ཀ་མ་ལ་ཡ་སྟྃ། ལྷ་རྣམས་ཀྱི་ལྗགས་རྡོ་རྗེའི་སྦུ་གུ

KYI KOR WA BEDZRA SAMADZA   PEMA KAMALA YA SA TAM   LHA NAM KYI JAK DOR JEI BU GU

邊雜 薩瑪扎   貝瑪 噶瑪拉 呀 沙 當ᵐ   本尊眾以金剛光管舌

དྲངས་ཏེ་གཏོར་མ་གསོལ་བར་གྱུར། ༀ་ཏཱ་རེ་ཏུཏྟཱ་རེ་ཏུ་རེ་ཨི་དྃ་བ་ལིངྟ་ཁ་ཁ་ཁཱ་ཧི་ཁཱ་ཧི

DRANG TE TOR MA SOL WAR GYUR   OM TARE TUTTARE TURE IDAM BALING TA KAKA KAHI KAHI

享用食子，   嗡 達列 都達列 都列 依當 巴令 達 卡卡 卡噫 卡噫

ལན་གསུམ་གྱིས་རྫ་བཙུན་མ་དང་། ༀ་ཨ་ཀཱ་རོ་མུ་ཁཾ་སརྦ་དྷརྨ་ནཱཾ་ཨ་དེ་ནུབ་ཏེ་ན་ཏོ་ཏ་ༀ་ཨཱ་ཧཱུྃ་ཕཊ་སྭཱ་ཧཱ།

OM AKARO MUKHAM SARWA DHARMA NAM A DE NUPTEN NATO TA OM AH HUNG PEY SOHA

唸誦三次以食子供度母。嗡 阿噶柔 穆康 薩爾瓦 達瑪南 阿帖 努邊 拿多 達 嗡啊吽 呸 梭哈

ལན་གསུམ་གྱིས་འཁོར་ཚོགས་རྣམས་ལ་འབུལ། ༀ་ཨཱཪྻ་ཏཱ་རཱ་ས་པ་རི་ཝཱ་ར་ཨརྒྷཾ་སྭཱ་ཧཱ། ༀ་ཨཱཪྻ་ཏཱ་རཱ

OM ARYA TARA SAPARIWARA ARGHAM SOHA   OM ARYA TARA

唸誦三次供養度母之眷屬。   嗡 啊呀 達惹 薩巴日哇惹 阿岡 梭哈 嗡 啊呀 達惹

༄༅། །ས་པ་རི་ཝཱ་ར་པདྱཾ་སྭཱ་ཧཱ།

SAPARIWARA PADYAM SOHA

薩巴日哇惹 巴當 梭哈

ཨོཾ་ཨཱརྱ་ཏཱ་རཱ་ས་པ་རི་ཝཱ་ར་པུཀྤེ་ཨཱ་ཧཱུྃ།

OM ARYA TARA SAPARIWARA PUKPE AH HUNG

嗡 啊呀 達惹 薩巴日哇惹 布貝 啊吽

ཨོཾ་ཨཱརྱ་ཏཱ་ར་

OM ARYA TARA

嗡 啊呀 達惹

ས་པ་རི་ཝཱ་ར་དྷུ་པེ་ཨཱ་ཧཱུྃ།

SAPARIWARA DHUPE AH HUNG

薩巴日哇惹 杜貝 啊吽

ཨོཾ་ཨཱརྱ་ཏཱ་རཱ་ས་པ་རི་ཝཱ་ར་ཨཱ་ལོ་ཀེ་ཨཱ་ཧཱུྃ།

OM ARYA TARA SAPARIWARA ALOKE AH HUNG

嗡 啊呀 達惹 薩巴日哇惹 啊洛給 啊吽

ཨོཾ་ཨཱརྱ་ཏཱ་ར་

OM ARYA TARA

嗡 啊呀 達惹

ས་པ་རི་ཝཱ་ར་གནྡྷེ་ཨཱ་ཧཱུྃ།

SAPARIWARA GENDHE AH HUNG

薩巴日哇惹 根喋 啊吽

ཨོཾ་ཨཱརྱ་ཏཱ་རཱ་ས་པ་རི་ཝཱ་ར་ནཻ་ཝིདྱེ་ཨཱ་ཧཱུྃ།

OM ARYA TARA SAPARIWARA NEWIDYE AH HUNG

嗡 啊呀 達惹 薩巴日哇惹 涅威喋 啊吽

ཨོཾ་ཨཱརྱ་

OM ARYA

嗡 啊呀

ཏཱ་རཱ་ས་པ་རི་ཝཱ་ར་ཤབྡ་ཨཱ་ཧཱུྃ།

TARA SAPARIWARA SHABDA AH HUNG

達惹 薩巴日哇惹 夏布達 啊吽

འཁོར་བ་ལས་སྒྲོལ་ཏཱ་རེ་མ།

KHOR WA LAY DROL TA RE MA

解脫輪迴 "達列" 母，

ཏུཏྟཱ་རེ་ཡིས་འཇིགས།

TUT TA RE YI JIK

"都達列" 除八怖畏，

བརྒྱད་སྒྲོལ།

GYAY DROL

"都列" 護佑免諸疾，

ཏུ་རེས་ན་བ་ཀུན་ལས་སྒྲོལ།

TURE NA WA KUN LAY KYOB

"都列" 護佑免諸疾，

སྒྲོལ་མ་ལ་ནི་ཕྱག་འཚལ་བསྟོད། །གང་

DROL MA LA NI CHAG TSAL TÖ

聖救度母我禮讚。

GANG

གི་ཐུགས་རྗེའི་འོད་དཀར་གྱིས།

GI TUK JE'I Ö KAR GYI

以此悲憫之白光，

ཁ་ལུས་འགྲོ་བའི་དོན་མཛད་ཅིང་།

MA LU DRO WAI DÖN DZAY CHING

義利眾生無有餘，

ཁ་མགོན་མེད་

GÖN MAY

རྣམས་ཀྱི་མགོན་དང་སྐྱབས།

NAM KYI GÖN DANG KYOB

無怙者之皈依處，

ཁྲྱལ་བ་སྲས་དང་བཅས་ལ་འདུད།

GYAL WA SAY DANG CHAY LA DÜ

佛與佛子我頂禮。

ཁ་མཆོད་སྦྱིན

CHÖ JIN

གཏོར་མ་འདི་བཞེས་ལ།

TOR MA DI SHAY LA

享納所供妙食已，

རྣལ་འབྱོར་བདག་ཅག་འཁོར་བཅས་ལ།

NAL JOR DAK CHAG KHOR CHAY LA

願令我等眷屬眾，

ཁནད་མེད་

NAY MAY

ཚེ་དང་དབང་ཕྱུག་དང་།

TSE DANG WANG CHUK DANG

無病長壽且自在，

ཁདཔལ་དང་གྲགས་དང་སྐལ་པ་བཟང་།

PAL DANG DRAK DANG KAL PA ZANG

功德美譽及善根，

ལོངས་སྤྱོད་རྒྱ

LONG CHÖ GYA

ཆེན་ཀུན་ཐོབ་ཅིང་།

CHEN KUN TOB CHING

廣大受用等具足，

ཞི་དང་རྒྱས་ལ་སོགས་པ་ཡི།

SHI DANG GYE LA SOK PA YI

息增懷誅諸事業，

ཁལས་ཀྱི་དངོས་གྲུབ་བདག

LAY KYI NGÖ DRUB DAK

賜助於我得成就。

ཨྠ། ལ་སྩོལ། །དམ་ཚིག་ཅན་གྱིས་བདག་ལ་སྲུངས། །དངོས་གྲུབ་ཀུན་གྱི་སྟོང་གྲོགས།

LA TSOL   DAM TSIK CHEN GYI DAK LA SUNG   NGÖ DRUB KUN GYI TONG DROK

具本誓願爲守護，   一切成就祈助辦。

མཛོད། །དུས་མིན་འཆི་དང་ནད་རྣམས་དང་། །གདོན་དང་བགེགས་རྣམས་མེད་པར་མཛོད།

DZÖ   DU MIN CHI DANG NAY NAM DANG   DÖN DANG GEK NAM MAY PAR DZÖ

非時死及諸疾病，   魔與障等悉消除，

ཁྲི་ལམ་ངན་དང་མཚན་མ་ངན། །བྱ་བྱེད་ངན་པ་མེད་པར་མཛོད། །འཇིག་རྟེན་བདེ་ཞིང་

MI LAM NGEN DANG TSEN MA NGEN   JA JAY NGEN PA MAY PAR DZÖ   JIK TEN DE SHING

惡夢惡兆諸不祥，   及諸凶事皆無有。   世間安樂年歲善，

ལོ་ལེགས་དང་། །འབྲུ་རྣམས་འཕེལ་ཞིང་ཆོས་འཕེལ་བ། །བདེ་ལེགས་ཕུན་སུམ་ཚོགས།

LO LEK DANG   DRU NAM PEL SHING CHÖ PEL WA   DE LEK PUN SUM TSOK

五穀增豐法教弘，   安樂吉祥悉圓滿，

པ་དང་། །ཡིད་ལ་འདོད་པ་ཀུན་འགྲུབ་མཛོད། །འཕགས་མ་སྒྲོལ་མས་བདག་ལ་མཆོག

PA DANG   YI LA DÖ PA KUN DRUB DZÖ   PAK MA DROL MAY DAK LA CHOG

賜助隨欲而成就。   聖救度母祈垂賜我等

ཐུན་མོང་གི་དངོས་གྲུབ་མ་ལུས་པ་སྩོལ་བ་དང་། ཁྱད་པར་དུ་འཕྲལ་ཡུན་གྱི་འཇིགས་པ

TUN MONG GI NGÖ DRUB MA LU PA TSOL WA DANG   KHYAY PAR DU TRAL YUN GYI JIK PA

勝義與世俗成就，　　　　　　尤其祈庇護我等

ལས་སྐྱོབ་ཅིང་། ཆོས་སྤྱོད་བཞིན་ཡུན་རིང་དུ་འཚོ་བའི་མཆོག་སྦྱིན་པར་མཛད་དུ་གསོལ།

LAY KYOB CHING   CHÖ CHÖ SHIN YUN RING DU TSO WAI CHOG JIN PAR DZAY DO SOL

免於現前與未來之怖畏，　　祈賜綿長之佛行事業。

ཨི་གི་བརྒྱ་པ་ལན་གསུམ་དང་། མ་འབྱོར་པ་དང་ཉམས་པ་དང་། ། གང་ཡང་བདག་རྨོངས་བློ

　　　　　　　　　MA JOR PA DANG NYAM PA DANG   GANG YANG DAK MONG LO

百字明三次。　　諸未完備及忘失，　　凡我愚痴心所使，

ཡིས་ནི། །བགྱིས་པ་དང་ནི་བགྱིད་སྩལ་བ། །དེ་ཀུན་མགོན་པོས་བཟོད་པར་མཛོད།

YI NI   GYI PA DANG NI GYI TSAL WA   DE KUN GÖN PÖ ZÖ PAR DZÖ

　　　　自作或教他所作，　　　　一切祈怙主忍赦。

ཀྱིས་ནོངས་པ་བཤགས། འདིར་ནི་རྟེན་དང་ལྷན་ཅིག་ཏུ། །འཁོར་བ་སྲིད་དུ་བཞུགས་ནས་ཀྱང་།

　　　　　　　　　DIR NI TEN DANG LHEN CHIK TU   KHOR WA SI DU SHUK NAY KYANG

懺悔。　　　　請留駐此所依處，　　直至輪迴窮盡時，

༄༅། །ནད་མེད་ཚེ་དང་དབང་ཕྱུག་དང་། །མཆོག་རྣམས་ལེགས་པར་སྩལ་དུ་གསོལ། ཨོཾ་སུ་པྲ་

NAY MAY TSE DANG WANG CHUK DANG   CHOK NAM LEK PAR TSAL DU SOL   OM SUTRA

無病長壽且自在，   祈賜諸勝妙賢善。   嗡 蘇扎

ཏི་ཀྟ་བཛྲ་ཡེ་སྭཱ་ཧཱ། ཞེས་པས་གཏོར་མགྱིན་རྣམས་རྗེ་ལ་བཞུགས་སུ་གསོལ། སྨོན་ལམ་དང་བཀྲ་ཤིས་ནི།

TIKTRA BEDZRA YE SOHA

地扎 邊雜 耶 梭哈   誦畢，受供施食賓衆留住。   發願文與吉祥文：

སྲུང་འཁོར་བསྒོམ་པར་འདོད་ན་བདག་བསྐྱེད་ཀྱི་ཐུན་བསྡུས་ཟིན་ནས་རྣང་འདྲག་གི་སྐུར་མ་ལྡང་བའི་གོང་དེར། སྟོང་པའི་

TONG PAI

欲觀修護輪，於自生分收攝已，如前所述，雙運身未起時：

ངང་ལས་སྐད་ཅིག་གིས་འཁོར་ལོ་དཀར་པོ་རྩིབས་བཅུ་གུར་ཐབས་སུ་གནས་ཤིང་མི་མངོན་

NGANG LAY KAY CHIK GI HKOR LO KAR PO TSIB CHU GUR TAB SU NAY SHING MI NGÖN

剎那，自空性中生起白色十輻輪，形狀似帳，快速旋轉，   甚明顯。

པར་མྱུར་དུ་འཁོར་བའི་ལྟེ་བ་རྣུམ་པོ་ཡངས་པའི་ནང་དུ་རང་ཉིད་འཕགས་མ་སྒྲོལ་མ

PAR NYUR DU KHOR WAI TE WA DUM PO YANG PAI NANG DU RANG NYI PAK MA DROL MA

在寬廣圓心內，自現爲聖救度母如意輪，

ཡིད་བཞིན་འཁོར་ལོ་རྒྱན་དང་ཆ་ལུགས་ཡོངས་སུ་རྫོགས་པར་གསལ་བའི་ཐུགས་ཀར

YI SHIN KHOR LO GYEN DANG CHA LUK YONG SU DZOK PAR SAL WAI TUK KAR

嚴飾圓具。　　　　心輪具鮮明種字，

འཁོར་ལོ་ཡིག་འབྲུ་དང་བཅས་པ　　རང་ཉིད་ཀྱི་སྟེང་དུ་ཨོཾ　　འོག་ཏུ་ཧ　　རྩིབས་ཀྱི

KHOR LO YIK DRU DANG CHAY PA　　　　RANG NYI KYI TENG DU OM　　OK TU HA　　TSIB KYI

自身頂上 **"嗡"** 字，　　下 **"哈"** 字，　輻輪

རྩ་བ་སྦུབས་སྟོང་གི་ཐད་ཀྱི་ནང་དུ་མདུན་ནས་གཡས་སྐོར་དུ་ཡི་གེ་བརྒྱད་བཅས་ཡིག་འབྲུ

TSA WA BUB TONG GI TAY KYI NANG DU DUN NAY YAY KOR DU YI GE GYAY CHAY YIK DRU

根部中空內，　　白色八種字，　　由前方開始右旋排列。

རྣམས་དཀར་པོ　　རང་གི་ཐུགས་ཀའི་ས་བོན་ལས་འོད་ཟེར་དཀར་པོ་ཤེལ་ལྟ་བུ　　སེར་པོ

NAM KAR PO　　　　RANG GI TUK KAI SA BÖN LAY Ö ZER KAR PO SHEL TA BU　　　　SER PO

自心種字放射似白水晶光，　　　　似黃金光，

གསེར་ལྟ་བུ　　དམར་པོ་པདྨ་རཱ་ག་ལྟ་བུ　　ལྕགས་ཁ་ཐོ་རེངས་ཀྱི་གནམ་ལྟ་བུ　　ལྗང་ཁུ

SER TA BU　　　　MAR PO PE MA RA GA TA BU　　CHAG KHA TO RENG KYI NAM TA BU　　　　JANG KHU

似紅寶石光，　　　　似黎明天空鐵灰色光，　　　　似綠寶石光，

༄༅། མ་ཀྱུད་ལྟ་བུ། མཆིན་ཁ་ཨིནྡྲ་ནི་ལ་ལྟ་བུ་རྣམས་རིམ་པར་སྤྲོས། སེམས་ཅན་གྱི་དོན་

MA GAY TA BU   CHIN KHA INDRA NI LA TA BU NAM RIM PAR TRÖ   SEM CHEN GYI DÖN

似碧琉璃紫色光，　　次第放光，　　　　　　　義利眾生，

བྱས། རྒྱལ་བ་རྣམས་མཆོད། ཕྱོགས་བཅུའི་རྒྱལ་བ་རྣམས་ཀྱི་བྱིན་རླབས་འོད་ཟེར་དཀར་སེར་

JAY   GYAL WA NAM CHÖ   CHOK CHU'I GYAL WA NAM KYI JIN LAB Ö ZER KAR SER

上供諸佛。　　　　十方諸佛之加持以白、黃、

དམར་སྔོ་ལྗང་མཐིང་གི་རྣམ་པར་རིམ་པར་བྱོན།　　རང་གི་ཐུགས་ཀའི་འཁོར་ལོ་ལ་ཐིམ་པས།

MAR NGO JANG TING GI NAM PAR RIM PAR JÖN   RANG GI TUK KAI KHOR LO LA TIM PAY

紅、藍、綠及蔚藍光形式次第降下，　　　　融入自心輪，

ཞི་རྒྱས་དབང་དྲག་ལས་སྣ་ཚོགས་པའི་དངོས་གྲུབ་ཐོབ་ཅིང་བརྟན་པར་བྱས།　　འོད་ལྷག

SHI GYAY WANG DRAK LAY NA TSOK PAI NGÖ DRUB TOB CHING TEN PAR JAY   Ö LHAK

息、增、懷、誅各事業獲得成就且堅固。

མ་རྣམས་འཁོར་ལོའི་གུར་ཁང་གི་ཕྱི་ནས་འདོམ་གང་ཙམ་ནས་འོད་དཀར་པོའི་གུར་ཁང་།

MA NAM KHOR LO'I GUR KANG GI CHI NAY DOM GANG TSAM NAY Ö KAR PO'I GUR KHANG

餘光於護輪帳外約一噚處形成白色光幕，

དེའི་ཕྱིར་སེར་པོ།   དེའི་ཕྱིར་དམར་པོ།   དེའི་ཕྱིར་ཕྱགས་ཁ།   དེའི་ཕྱིར་ལྗང་ཁུ།   དེའི་

DE'I CHIR SER PO   DE'I CHIR MAR PO   DE'I CHIR CHAG KHA   DE'I CHIR JANG KHU   DE'I

其外有黃色光幕，其外有紅色光幕，其外有鐵灰藍光幕， 其外有綠色光幕，

ཕྱིར་འོན་མཆིན་ཁའི་གུར་ཁང་རྣམས་ཀྱང་འདོམ་རེའི་བར་ཐག་ཅན།   སྟེང་འོག་ཕྱོགས

CHIR Ö CHIN KHA'I GUR KHANG NAM KYANG DOM RE'I BAR TAK CHEN   TENG OK CHOK

其外有深藍色光幕，   各自間距一噚，

མཚམས་ཀུན་ཏུ་འཁོར་བ་དུམ་པོའི་རྣམ་པ་ཅན།   ས་བ་བརྟན་པ་སྲུབ་མེད་པ་རླུང་སེར་བུ

TSAM KUN TU KHOR WA DUM PO'I NAM PA CHEN   SA WA TEN PA SUB MAY PA LUNG SER BU

上下方隅呈圓輪狀，   堅實穩固，無絲毫空隙，

ཙམ་ཡང་མི་ཐར་བ་བར་སྟོང་ཐམས་ཅད་ཨུཏྤལ་སྔོན་པོ་ཁ་བྱེ་མ་ཐག་པས་གང་

TSAM YANG MI TAR WA BAR TONG TAM CHAY UTPAL NGÖN PO KHA JAY MA TAK PAY GANG

連些許微風也穿透不過。每噚間充滿盛開之藍色烏巴拉花。

བར་གྱུར།   ཡི་གེ་བཅུ་པའི་བཟླས་པ་ཅི་ནུས་བྱེད།   མཐར་འོད་གསལ་དུ་བསྡུ་ཞིང་ཟུང་འཇུག་གི་སྐུར་ལྡང་བ་སྔ་མ

WAR GYUR

儘力持誦十字咒。   誦畢，光明收攝，雙運身起，如前述。

ༀ། བཞིན་ནོ། ཡང་ཚེ་སྒྲུབ་ཀྱི་སྐབས་སུ། སྤྱི་བོའི་འོད་དཔག་མེད་ཀྱི་ཐུགས་རྒྱུད་བསྐུལ་བས་ཕྱག་གི

CHI WO'I Ö PAK MAY KYI TUK GYU KUL WAY CHAK GI

召請頂嚴無量光佛心續，其手持鉢，

又，修長壽法時，

གི་ལྷུང་བཟེད་ཀྱི་བདུད་རྩི་ཁོལ། རང་གི་སྤྱི་བོ་ནས་ཞུགས། ལུས་ཐམས་ཅད་གང་ཞིང་འཆི

LHUNG ZAY KYI DÜ TSI KHOL   RANG GI CHI WO NAY SHUK   LU TAM CHAY GANG SHING CHI

甘露沸湧溢出，   流入己梵穴，   充滿全身，

མེད་འགྲུབ་པར་གྱུར། བསམ་ཏེ་ཕྱགས་སྔེལ་ཚིག་ཅན་བཟླ་བའང་སྐབས་སྐབས་སུ་བྱའོ། དགེ་བ་འདི་ཡིས

MAY DRUB PAR GYUR   GE WA DI YI

成就無死。   如此思惟，持誦長短混合之咒些時。   祈以此善令眾生，

སེམས་ཅན་ཀུན། ཁྲིག་སྒྲིབ་ཉེས་ལྟུང་ནད་གདོན་ཞི། ཚེ་དཔལ་བསོད་ནམས་ཡེ་ཤེས

SEM CHEN KUN   DIK DRIB NYE TUNG NAY DÖN SHI   TSE PAL SÖ NAM YE SHE

SEM CHEN KUN   罪障墮疫悉止息，   壽德福智咸增廣，

རྒྱས། སྒྲོལ་མའི་གོ་འཕང་མྱུར་ཐོབ་ཤོག རྒྱལ་མཆོག་ཚེ་དཔག་མེད་པའི་ཡུམ། འཆི་མེད

GYE   DROL MAI GO PANG NYUR TOB SHOK   GYAL CHOG TSE PAK MAY PAI YUM   CHI MAY

度母果位迅證得。   無量壽佛勝佛母，

ངེས་པར་སྟེར་བ་མོ། ｜རིག་པ་འཛིན་མ་བཅོམ་ལྡན་འདས། ｜ཡིད་བཞིན་འཁོར་ལོའི་བཀྲ།

NGE PAR TER WA MO　　　RIK PA DZIN MA CHOM DEN DAY　　　YIK SHIN KHOR LO'I TRA

無死決定賜予母，　　　　持明母之薄伽梵，　　　　尊如意輪願吉祥。

ཤིས་ཤོག ｜ཞེས་སྟེ་བཞི་དགོ་བཅུའི་ཁྲིམས་ཀྱི་ནོར་འཛིན་དགོ་བར་སྐྱོང་བ་བློ་གྲོས་མཆོན་ཅན་གྱིས་ཕྲགས་དག་ཉམས

SHI SHOK

　　　　　　　　此本尊儀軌應德格國王持戒德洛卓之請，

བཞེས་ཀྱི་ཆེད་དུ། སྔོམས་ལས་པ་དྲུམ་ཀ་རས་འབྱུང་པོའི་ལོ་སྟོན་ཟླ་བའི་དཀར་ཚེས་རྒྱལ་བ་དང་པོ་རྒྱལ

　　　　　第八世泰錫杜於穀物豐年，藏曆八月十四日，月將圓，星宿會合之吉時，於"倫竹登"

ཕུར་འགྱུབ་སྐྱོར་ལ་ལྷུན་གྲུབ་སྟེང་གི་ཕོ་བྲང་ཆེན་པོར་བྲིས་པ་མདྲ་ལོ་ཛ་ཡནྟུ།། ｜｜

　　首府之大宮殿寫成。　芒嘎朗ᵐ 札嚴杜

185

附錄 *B*

༄༅། །རྗེ་བཙུན་ཡིད་བཞིན་འཁོར་ལོའི་རྒྱུན་གྱི་རྣལ་འབྱོར་ཁྲིད་བདེ་

འཆི་མེད་གྲུབ་པ་ཞེས་བྱ་བ་བཞུགས་སོ།།

尊者如意寶輪日修儀軌
——成就安樂無死白度母法

第一世 蔣貢康楚仁波切 造

ༀ། །ཨོཾ་སུ་ཏི་སིདྡྷཾ། དྲན་པས་བདུད་བཞིའི་འཇིགས་བཅོམ་མ། འཆི་མེད་འཕགས་མར་གུས་བཏུད་ནས།

嗡 梭滴 希當　憶念即摧四魔怖 (蘊魔、煩惱魔、天魔、死魔)，　無死聖母恭禮巳，

རིང་དུ་འཚོ་སོགས་མཆོག་ཐོབ་ཕྱིར། དེ་ཡི་རྒྱུན་ཁྱེར་ཉམས་ལེན་འཆད། བོ་རངས་སམ་སྔ་དྲོའི་ཚ་ལ་བབས་པའི

為証殊勝長壽等，　　　　　說彼日修之儀軌。　　　　　清晨或早晨時，

ཚ་བདེ་བའི་གདན་ལ་བསམ་གཏན་གྱི་ཚིགས་དང་ལྡན་པས་འཁོད་ནས། སྒྲོལ་དཀར་རྒྱུན་ཁྱེར་གྱི་བརྒྱུད་པའི་གསོལ་འདེབས་ནི།

於舒適的坐墊上，以禪定之法安住，　　　　　白度母日修儀軌傳承祈請文如下：

ན་མོ་གུ་རུ་ཨཱརྻ་ཏཱ་རཱ་ཡེ། སྒྲོལ་མ་ངག་གི་དབང་ཕྱུག་གསེར་གྲིང་པ། ཇོ་བོ་འབྲོམ་སྟོན

NAMO GURU ARYA TARA YE　　　DROL MA NGAK GI WANG CHUK SER LING PA　　　JOWO DROM TÖN

禮敬上師及與度母尊，　　　度母、那吉旺丘、色令巴、　　　覺渥、種敦、

སྤྱན་སྔ་འབྲེ་བའི་ཞབས། དྭགས་པོ་དུས་མཁྱེན་རས་ཆེན་སྤོམ་བྲག་པ། གྲུབ་ཆེན་ཆོས་ཀྱི་བླ

CHEN NGA DRE PAI SHAB　　　DAK PO DU KHYEN RAY CHEN POM DRAK PA　　　DRUB CHEN CHÖ KYI LA

千噶及皆巴，　　　達波、杜謙、仁千、龐扎巴、　　　大成就者巴希我祈請，

白度母修法

༄༅། མར་གསོལ་བ་འདེབས། །ཨོ་རྒྱན་པ་དང་རང་བྱུང་གཡུང་སྟོན་རྒྱལ། །རོལ་རྡོར

MAR SOL WA DEB　　ÖRGYEN PA DANG RANG JUNG YUNG TÖN GYAL　ROL DOR

烏間巴及讓炯、雍敦尊，　　若多、

མཁའ་སྤྱོད་དབང་པོ་དེ་བཞིན་གཤེགས། །རིག་རལ་དོན་ལྡན་བན་གར་གོ་ཤྲི་རྗེ། །ཆོས

KHA CHÖ WANG PO DE SHIN SHEK　　RIK RAL DÖN DEN BEN GAR GO SHRI JAY　CHÖ

卡卻旺波、德新謝、　　瑞惹、通殿、奔噶、郭殊嘉、

གྲགས་རྒྱ་མཚོའི་ཞབས་ལ་གསོལ་བ་འདེབས། །སངས་རྒྱས་ཉེན་པ་མི་བསྐྱོད་དགོན

DRAK JAM TSOI SHAB LA SOL WA DEB　　SANG GYE NYEN PA MI KYÖ KÖN

卻札嘉措足前我祈請，　　桑傑年巴、米究、昆秋邦、

མཆོག་འབངས། །དབང་ཕྱུག་རྡོ་རྗེ་ཆོས་དབང་རྣམ་དག་མཚན། །ཀར་མ་ཆགས་མེད་དུལ་མོ

CHOK BANG　　WANG CHUK DOR JE CHÖ WANG NAM DAK TSEN　　KAR MA CHAG MAY DUL MO

旺秋多傑、卻旺、南達稱、　　噶瑪恰美、杜模、

དཔལ་ཆེན་པོ། །བསྟན་པའི་ཉིན་མོར་བྱེད་ལ་གསོལ་བ་འདེབས། །བདུད་འདུལ་རྡོ་རྗེ་པདྨ་ཉིན

PAL CHEN PO　　TEN PAI NYIM MO JAY LA SOL WA DEB　　DÜ DUL DOR JE PAY MA NYIN

巴千波、　　滇貝寧莫傑等我祈請，　　都杜多傑、貝瑪寧傑等，

190

ཁྱེད་དབང་། སྲིད་ཞིའི་གཙུག་རྒྱན་ཐེག་མཆོག་རྡོ་རྗེ་དང་། རྒྱལ་བས་ལུང་བསྟན་ཡོངས།

JAY WANG　　SI SHI TSUK JEN TEK CHOK DOR JE DANG　　JAL WAY LUNG TEN YONG

四有頂嚴帖秋多傑尊、 佛所授記圓滿持教者

(本有、死有、中有、生有)

རྫོགས་བསྟན་པའི་བདག བློ་གྲོས་མཐའ་ཡས་ཁྱེད་ལ་གསོལ་བ་འདེབས། རྡོ་རྗེའི་སྐུ་བརྙེས།

DZOK TEN PAI DAK　　LO DRÖ TA YAY CHAY LA SOL WA DEB　　DOR JE'I KU NYE

洛卓泰耶尊前我祈請 證金剛身

མཁའ་ཁྱབ་རྡོ་རྗེ་དང་། པདྨ་དབང་མཆོག་མཁྱེན་བརྩེའི་འོད་ཟེར་རྒྱལ། རིགས་ཀུན་ཁྱབ

KHA KHYAB DOR JE DANG　　PEMA WANG CHOK KHYEN TSE Ö ZER JAL　　RIK KUN KHYAB

卡洽多傑聖、 貝瑪旺秋、欽哲歐瑟尊、 一切部主

བདག་རིག་པའི་རྡོ་རྗེ་སོགས། རྩ་བརྒྱུད་བླ་མ་ཀུན་དངོས་རྗེ་བཙུན་མ། གང་གི་སྨིན་གྲོལ

DAK RIK PAI DOR JE SOK　　TSA JU LA MA KUN NGÖ JE TSUN MA　　GANG GI MIN DROL

利佩多傑等， 根傳上師總集聖度母 諸凡成熟解脫

བཀའ་བབ་བརྒྱུད་པའི་སྲོལ། རིམ་པ་དྲུག་ལྡན་རྣམས་ལ་གསོལ་བ་འདེབས། བསྙེན་སྔགས།

KA BAB GYU PAI SOL　　RIM PA DRUK DEN NAM LA SOL WA DEB　　CHAY NGAK

教傳義， 圓具六次第者我祈請。

ༀ། རྫོགས་པའི་རིམ་པ་མཐར་ཕྱིན་ཏེ། །འཆི་མེད་ཡེ་ཤེས་རྡོ་རྗེའི་སྐུ་མཆོག་འགྲུབ།

DZOK PAI RIM PA TAR CHIN TE CHI MAY YE SHE DOR JE'I KU CHOG DRUB

究竟嫻習生、咒、圓次第， 成就無死勝智金剛身，

།རྒྱལ་བ་ཀུན་བསྐྱེད་ཡིད་བཞིན་འཁོར་ལོ་དང་། །དབྱེར་མེད་དོན་གཉིས་ལྷུན་གྲུབ་བྱིན་གྱིས་རློབས།

JAL WA KUN CHAY YI SHIN KOR LO DANG YER MAY DÖN NYI LHUN DRUP JIN JI LAB

生諸佛如意輪祈無別， 任運成就二利祈加持。

སྒྲོལ་དཀར་རྒྱུན་ཁྱེར་གྱི་བརྒྱུད་པའི་གསོལ་འདེབས་འདི་བཞིན། དད་དམ་བློ་བཟལ་ཀརྨ་ལྷ་དཔལ་ཕྱགས་བཞིན་སྤྱར་གྱུ

此白度母日修儀軌傳承祈請文 依無比敬信者噶瑪拉柏之力請，

དགའ་དབང་ཡོན་ཏན་རྒྱ་མཚོས་ཕྱིས་པ་མངྟ་ལོ།། སྐྱབས་སེམས་ནི། དཀོན་མཆོག་ཀུན་འདུས་བླ་མར

KÖN CHOK KUN DU LA MAR

噶瑪ʳ阿旺雍殿嘉措（蔣貢康楚）撰 然後皈依發心‥‥‥ 皈依三寶總攝之上師，

སྐྱབས་སུ་མཆི། །འགྲོ་ལ་ཕན་ཕྱིར་ཡིད་བཞིན་འཁོར་ལོ་བསྒྲུབ། ལན་གསུམ། ཚོགས་བསགས་སྟོན།

CHAB SU CHI DRO LA PEN CHIR YI SHIN KOR LO DRUB

為利眾生故修如意輪 三次。 倘欲積聚資糧‥‥‥

རང་ཉིད་སྒྲོལ་མའི་ཐུགས་སོག་འོད་ཟེར་ཀྱིས།

RANG NYI DROL MAI TUK SOK Ö ZER JI

自化度母心字放光明，

འཕགས་མ་སྲས་བཅས་མདུན་མཁར་སྤྱོན་

PAK MA SAY CHAY DUN KAR CHEN

迎請聖母眷眾臨虛空。

དངས་གྱུར

DRANG JUR

བཛྲ་སམཱ་ཛཿ

BEDZRA SAMADZA

邊雜 薩瑪 雜

དཀོན་མཆོག་གསུམ་ལ་བདག་སྐྱབས་མཆི།

KÖN CHOK SUM LA DAK CHAB CHI

三寶聖眾我皈依，

སྡིག་པ་མི་དགེ

DIK PA MI GAY

惡業不善

སོ་སོར་བཤགས།

SO SOR SHAK

一一懺，

འགྲོ་བའི་དགེ་ལ་རྗེས་ཡི་རང་།

DRO WAI GAY LA JAY YI RANG

眾生善業我隨喜，

སངས་རྒྱས་བྱང་ཆུབ་ཡིད་ཀྱིས་བཟུང་།

SANG JAY JANG CHUB YI CHI ZUNG

諸佛正覺心憶持。

སངས་རྒྱས་ཆོས་དང་ཚོགས་མཆོག་ལ།

SANG JAY CHÖ DANG TSOK CHOK LA

諸佛正法聖僧伽，

བྱང་ཆུབ་བར་དུ་སྐྱབས་སུ་མཆི།

JANG CHUB BAR DU CHAB SU CHI

直至菩提我皈依。

རང་གཞན་དོན

RANG SHEN DÖN

ནི་རབ་བསྒྲུབ་ཕྱིར།

NI RAB DRUB CHIR

成辦自他利益故，

བྱང་ཆུབ་སེམས་ནི་བསྐྱེད་པར་བགྱི།

JANG CHUB SEM NI CHAY PAR JI

願能生起菩提心。

བྱང་ཆུབ་མཆོག་གི་སེམས་ནི

JANG CHUB CHOK GI SEM NI

生起勝菩提心已，

ༀ། བསྐྱེད་བགྱིས་ནས། །སེམས་ཅན་ཐམས་ཅད་བདག་གིས་མགྲོན་དུ་གཉེར། །བྱང་ཆུབ

CHAY JI NAY   SEM CHEN TAM CHAY DAK GI DRUN DU NYER   JANG CHUB

一切有情我敦請：

སྤྱོད་མཆོག་ཡིད་འོང་སྤྱོད་པར་བགྱི། །འགྲོ་ལ་ཕན་ཕྱིར་སངས་རྒྱས་འགྲུབ་པར་ཤོག །ཅེས

CHÖ CHOK YID ONG CHÖ PAR JI   DRO LA PEN CHIR SANG JAY DRUB PAR SHOK

勝菩提行歡喜行，   爲利眾生願成佛。   以上唸誦，

བརྗོད་ཅིང་ཚོགས་ཞིང་མི་དམིགས་པར་བཞག །འགྲོ་ཀུན་བདེ་ལྡན་སྡུག་བསྔལ་རྒྱུ་བཅས་བྲལ། །བདེ་དང

DRO KUN DAY DEN DUK NGAL JU CHAY DRAL   DAY DANG

並不緣福田 (供養境) 而住。   眾生具樂離苦及苦因，

མི་འབྲལ་བཏང་སྙོམས་ཆེར་གནས་ཤོག །བསྐྱེད་བརྫས་ཀྱི་རྣལ་འབྱོར་ནི།   ༀ་ཤུནྱ་ཏ་ཛྙཱ་ན

MIN DRAL TANG NYOM CHER NAY SHOK   OM SHUNYATA JNANA

不離妙樂住大平等捨。   唸誦生起瑜伽：   嗡 修尼阿達 佳那

བཛྲ་སོ་བྷཱ་ཝ་ཨེ་མ་ཀོ྅ཧཾ། སྟོང་པའི་རང་རྩལ་ཧཱུྃ་གི་སྒྲ་གདངས་ལས།   རྡོ་རྗེའི་སྲུང་འཁོར

BEDZRA SOBHAWA EMAKO HAM   TONG PAI RANG TSAL HUNG GI DRA DANG LAY   DOR JE SUNG KOR

邊雜 梭巴哇 阿特瑪 郭 杭木   空性勢能 "吽" 字洪聲現····   金剛護輪

ནང་དུ་ཆུ་ཤེལ་གྱི། ｜གཞལ་མེད་ཁང་དབུས་པད་དཀར་ཟླ་བའི་སྟེང་། ｜ཏཱྃ་ལས་ཨུཏྤལ་

NANG DU CHU SHEL JI　　SHAL MAY KANG Ü PAY KAR DA WAI TENG　　TAM LAY UTPAL

中有水晶質‥‥　　無量宮中白蓮月輪上，　　"當" 化白蓮

དཀར་པོ་ཏཱྃ་གྱིས་མཚན། ｜འོད་འཕྲོས་དོན་གཉིས་བྱས་འདུས་ཡོངས་གྱུར་ལས། ｜རང་

KAR PO TAM JI TSEN　　Ö TRÖ DÖN NYI JAY DU YONG JUR LAY　　RANG

復以 "當" 爲誌，　　放光上供下施攝集已，

ཉིད་འཕགས་མ་སྒྲོལ་མ་ཟླ་བའི་མདོག ｜ཞི་འཛུམ་སྒེག་ཉམས་འོད་ཟེར་ལྔ་ལྡན་འཕྲོ། ｜དཔྲལ་

NYI PAK MA DROL MA DA WAI DOK　　SHI DZUM GEK NYAM Ö ZER NGA DEN TRO

自身化爲月容聖度母，　　慈顏含笑媚妍放五光，

བ་ཕྱག་ཞབས་ཡེ་ཤེས་སྤྱན་བདུན་མཛེས། ｜ཕྱག་གཡས་མཆོག་སྦྱིན་གཡོན་པའི་མཐེབ་སྲིན་གྱིས།

TRAL WA CHAG SHAB YE SHE CHEN DUN DZAY　　CHAG YAY CHOG JIN YÖN PAI TEB SIN JI

前額、手、足智慧七眼嚴，　　右手勝施左手大、四指，

ཨུཏྤལ་དཀར་པོའི་སྡོང་བུ་ཐུགས་ཀར་འཛིན། ｜དར་དཀར་སྟོད་གཡོག་ནྰ་ལྔའི་སྨད་དཀྲིས།

UTPAL KAR POI DONG BU TUK KAR DZIN　　DAR KAR TÖ YOK NANGAI　MAY TRI

端持帶莖白蓮於心間。　　身著白綢絲衫五彩裙，

ༀ། གསོལ། ཞོར་བུ་མུ་ཏིག་ཆུ་སྐྱེས་མཛེས་རྒྱན་སྤེལ། །དབུ་སྐྲ་ལི་བ་ལྷག་པར་བཅིང

SOL   NOR BU MU TIK CHU CHAY DZAY JEN PEL   Ü TRA LI WA TAK PAR CHING

珍寶、真珠、蓮華複嚴飾，   秀髮微卷垂束於頸後，

ཞིང་འཕྱངས། །ཟླ་བར་རྒྱབ་བརྟེན་རྡོ་རྗེའི་སྐྱིལ་ཀྲུང་བཞུགས། །གནས་གསུམ་ཨོཾ་ཨཱཿ

SHING CHANG   DA WAR JAB TEN DOR JE'I CHIL TRUNG SHUK   NAY SUM OM AH HUNG

背倚月帷金剛跏趺坐。   三處 "嗡、啊、吽"

གི་འོད་ཟེར་གྱིས། །ཡེ་ཤེས་སེམས་དཔའ་བཛྲ་སམཱཛཿ ཛ་ཧཱུྃ་བྃ་ཧོཿགཉིས་སུ་མེད་པར་ཐིམ།

GI Ö ZER JI   YE SHE SEM PA BEDZRA SAMADZA   DZA HUNG BAM HO NYI SU MAY PAR TIM

字悉放光，   迎請智慧本尊祈降臨，   融入合一無二亦無別。

།སླར་ཡང་འོད་འཕྲོས་རིགས་ལྔ་སྤྱན་དྲངས་གྱུར། །དབང་ལྷ་རྣམས་ཀྱིས་མངོན་པར་དབང

LAR YANG Ö TRÖ RIK NGA CHEN DRANG JUR   WANG LHA NAM CHI NGÖN PAR WANG

復次放光迎請五佛部：   "灌頂本尊現前賜灌頂。"

བསྐུར་སྩོལ། །གསོལ་བ་བཏབ་པས་དབང་གི་ལྷ་རྣམས་ཀྱིས། ཨོཾ་སརྦ་ཏ་ཐཱ་ག་ཏ་ཨ་བྷི་ཥི་ཀ

KUR TSOL   SOL WA TAB PAY WANG GI LHA NAM CHI   OM SARWA TATHAGATA ABHIKEKATA

如是祈已灌頂本尊眾：   嗡 薩哇 大他嘎大 阿比喀 嘎

ཏ་ས་མ་ཡ་ཤྲི་ཡེ་ཧཱུྃ། ཞེས་གསུང་དབང་བསྐུར་སྐུ་གང་དྲི་མ་དག རིགས་བདག་འོད་དཔག

SAMAYA SHRI YE HUNG　　SHAY SUNG WANG KUR KU GANG DRI MA DAK　　RIK DAK Ö PAK

喋薩瑪呀 希瑞耶 吽　　誦畢灌頂<u>身</u>盈垢障淨，　　部主<u>無量光佛</u>爲頂嚴。

མེད་ཀྱིས་དབུ་བརྒྱན་གྱུར། སྤྲུལ་པའི་ལྷ་མོས་བདག་ལ་མཆོད་ཅིང་བསྟོད། ཨོཾ་ཨཱརྱ་ཏཱ་རེ

MAY CHI Ü JEN JUR　　TRUL PAI LHA MO DAK LA CHÖ CHING TÖ　　OM ARYA TARE

　　　　幻化天女對我行供讚：　　嗡 阿爾呀大咧

བཛྲ་ཨརྒཾ་པཱདྱཾ་པུཥྤེ་དྷཱུ་པེ་ཨཱ་ལོ་ཀེ་གནྡྷེ་ནཻ་ཝི་དྱ་ཤབྡ་པྲ་ཏཱི་ཙྪ་ཨཱཿཧཱུྃ་སྭཱ་ཧཱ།

BEDZRA ARGA M, PADYAM, PUKPE, DUPE, ALOKE, GENDHE NEWIDE, SHABDA PRATITSA AH HUNG SOHA

邊雜 阿岡 巴當 布貝 都貝 阿洛給 根喋 涅威喋 夏大 札滴擦 阿吽 梭哈

ལྷ་དང་ལྷ་མིན་ཅོད་པན་གྱིས། ཞབས་ཀྱི་པདྨོ་ལ་བཏུད་དེ། ཕོངས་པ་ཀུན་ལས་སྒྲོལ་མཛད་མ།

LHA DANG LHA MIN CHÖ PEN JI　　SHAB CHI PEMO LA TÜ DAY　　PONG PA KUN LAY DROL DZAY MA

諸天非天咸頂戴，　　足下蓮華屈躬禮，　　貧困厄難咸救度，

སྒྲོལ་མ་ཡུམ་ལ་ཕྱག་འཚལ་བསྟོད། ཞེས་བས་བསྟོད། ཐུགས་ཀར་པད་ཟླར་འཁོར་ལོའི་ལྟེ།

DROL MA YUM LA CHAG TSAL TÖ　　　　TUK KAR PAY DAR KOR LOI TAY

救度佛母我禮讚。　　以上讚嘆。　　心間蓮月寶輪軸心 "當" ，

ༀ། བར་ཏྃ། །སྟེང་འོག་ༀ་ཧ་ཚིབས་བརྒྱད་ཡིག་འབྲུ་བརྒྱད། །གཡས་བསྐོར་སྟོན་ཟླའི་མ་དོག

WAR TAM　　TENG OK OM HA TSIB JAY YIG DRU JAY　　　　　YAY KOR TÖN DAI DOK

上下 "嗡" "哈" 八輻八種字，　　　　　　　　　　　　右旋清晰穩固如秋月。

ཙན་གཡོ་མེད་གསལ། ༀ་ཏུ་རེ་ཏུཏྟ་རེ་ཏུ་རེ་སྭ་ཧཱ། །ཞེས་ཙ་སྔགས་ལ་བརྫས་པའི་དོས་གནས་གྱུ། ཚེ་ཤམ

CHEN YO MAY SAL　　　OM TARE TUTTARE TURE SOHA　　以上為持誦根本咒之正行。下面持誦長壽咒時⋯⋯

嗡 大咧 都大咧 都咧 梭哈

ཙན་བརྫ་བའི་ཚེ་ ཏྃ་མཐར་ༀ་ཏུའི་བར་དུ་སྤེལ་སྔགས་འཁོད། །འོད་འཕྲོས་རང་གཞན་སྒྲིབ་སྦྱངས

　　　　　　　TAM TAR OM HA'I BAR DU PEL NGAK KÖ　　　　Ö TRÖ RANG SHEN DRIB JANG

"當" 字四周 "嗡" "哈" 咒幔繞，　　　　　　　　　放光自他障淨德壽增，

ཚེ་དཔལ་སྤེལ། །འཕགས་མཆོད་བྱིན་རླབས་བརྟན་གཡོའི་ཚེ་བཅུད་བསྡུས། །རང་ཐིམ་ཚེ་དང

TSE PAL PEL　　　　PAK CHÖ JIN LAB TEN YO'I TSE CHU DU　　　　　RANG TIM TSE DANG

供聖加持情器壽元集，　　　　　　　　　　　　融己即得

ཡེ་ཤེས་མཆོག་ཐོབ་གྱུར། ༀ་ཏུ་རེ་ཏུཏྟ་རེ་ཏུ་རེ་མ་མ་ཨཱ་ཡུ་པུཎྱེ་ཛྙཱ་ན་པུཥྚྲིཾ་ཀུ་རུ་སྭ་ཧཱ།

YE SHE CHOG TOB JUR　　　OM TARE TUTTARE TURE MAMA AYU PUNYE JNANA PUKTRIM KURU SOHA

長壽勝智慧。　　　嗡 大咧 都大咧 都咧 瑪瑪 阿優 布涅 嘉那 布真因 咕嚕 梭哈

ཨོཾ་སྒྲུབ་དང་རྒྱུན་གྱི་རྣལ་འབྱོར་ལ་འདི་གཙོ་བོར་བཟླ།   སྣབས་སུ༔ རིགས་བདག་བླ་མས་འཆི་མེད་ཚེ་དབང་སྩོལ།

RIK DAK LA MAY CHI MAY TSE WANG TSOL

長壽法與日修瑜伽以此爲持誦之根本咒。　　次節‥‥　"部主上師賜予<u>無死壽灌頂</u>"：

ཁྱེས་པས་རྒྱུད་བསྐུལ་དེ་ཡི་ཐུགས་འོད་ཀྱིས།   འཁོར་འདས་བཏུན་གཡོའི་ཚེ་བཅུད་དངས་མ་

GU PAY JU KUL DAY YI TUK Ö CHI   KOR DAY TEN YO'I TSE CHU DANG MA

吾等虔誠感動彼心放光明，　　　　　　攝集輪涅情器壽元之精華，

བསྡུས།   ལྷུང་བཟེད་ནང་ཞུགས་ཞུ་འཁོལ་ཁ་ནས་ལུད།   རང་ལུས་འཆི་མེད་བདུད་རྩིས་གང

DU   LHUNG ZAY NANG SHUK SHU KOL KA NAY LU   RANG LU CHI MAY DÜ TSI GANG

入鉢融化沸騰翻滾而溢出，　　　　　　自身因而充滿無死之甘露。

བར་གྱུར།   ཞེས་མོས་ལ།   ཨོཾ་ཏཱ་རེ་ཏུཏྟཱ་རེ་ཏུ་རེ་མ་མ་ཨཱ་ཡུཿཔུཎྱེ་ཛྙཱ་ན་པུཥྚིཾ་ཀུ་རུ་སྭཱ་ཧཱ།

WAR JUR   OM TARE TUTARE TURE MAMA AYU PUNYE JNANA PUKTRIM KURU SOHA

以上觀想。　嗡　大咧　都大咧　都咧　瑪瑪　阿優　布涅　嘉那　布真囡　咕嚕　梭哈

ཞེས་བཟློ།   ཐུན་མཐར་བསྡུ་སྤྲོ་ནི།   སྣོད་བཅུད་འོད་ཞུ་ཏཾ་དང་བདག་ཉིད་ཀྱང   མི་དམིགས་འོད་

NÖ CHU Ö SHU TAM DANG DAK NYI CHANG   MI MIK Ö

以上持咒。　結行**攝集**與再現。　　情器化光"自身""當"亦然，

ༀ། གསལ་ཕྱག་རྒྱ་ཆེན་མོར་ཐིམ། ༑སླར་ཡང་འཕགས་མའི་སྐུར་གསལ་འབྲུ་གསུམ་མཚོན།

SAL CHAG JA CHEN MOR TIM　　LAR YANG PAK MAI KUR SAL DRU SUM TSEN

融入無緣大印淨光中。　　聖身三字爲誌復明現，

ཆོས་ཀུན་ལྷ་སྔགས་ཡེ་ཤེས་རོལ་པའོ། ༑གཏོར་འབུལ་སློན། རྃ་ཡྃ་ཁྃ། རིན་ཆེན་སྣོད་དུ་འབྲུ

CHÖ KUN LHA NGAK YE SHE ROL PA'O　　　　　RAM YAM KHAM　RIN CHEN NÖ DU DRU

萬法、尊咒、智慧遊戲現。　倘欲供養食子⋯⋯　金剛火、風、水。　珍寶器皿

གསུམ་འོད་དུ་ཞུ། ༑གཏོར་མ་ཟག་མེད་བདུད་རྩིའི་རྒྱ་མཚོར་གྱུར། ༀ་ཨཱཿ་ཧཱུྃ། ལན་གསུམ།

SUM Ö DU SHU　　TOR MA ZAG MAY DÜ TSI JAM TSOR JUR　　OM AH HUNG

三字化光入，　　食子化爲無漏甘露海。　　嗡 阿 吽　三次。

ཐུགས་སྲོག་འོད་ཀྱིས་སྲས་བཅས་རྗེ་བཙུན་མ། ༑མདུན་མཁར་སྤྱན་དྲངས་བཛྲ་ས་མཱ་ཛཿ

TUK SOK Ö CHI SAY CHAY JE TSUN MA　　DUN KAR CHEN DRANG BEDZRA SAMADZA

心字放光迎請度母眾，　　齊來降臨前面虛空中：

པདྨ་ཀ་མ་ལ་ཡ་སྟྭཾ། ༀ་ཏཱ་རེ་ཏུཏྟཱ་རེ་སཔ་རི་ནྲ་ཨི་དཾ་བ་ལིཾ་ཏ་ཁ་ཁ་ཁཱ་ཧི་ཁཱ་ཧི། ལན་གསུམ་གྱིས

PEMA KAMALA YA SA TAM　OM TARE TUTTARE SAPARIWARA IDAM BALING TA KAKA KAHI KAHI

悲瑪 嘎瑪拉呀 當＊　嗡 大咧 都大咧 薩巴瑞哇拉 宜當巴令大 卡卡卡嘻卡嘻 供養三次。

ཕྱག ། ཨོཾ་ཨཱརྱ་ཏཱ་རེ་བཛྲ་ཨརྒཾ་པཱ་དྱཾ་པུཥྤེ་དྷཱུ་པེ་ཨཱ་ལོ་ཀེ་གནྡྷེ་ནཻ་ཝིདྱ་ཤབྟ་པྲ་ཏཱིཙྪ་ཨཱཿ་ཧཱུྂ་སྭཱ་ཧཱ།

OM ARYA TARE BEDZRA ARGAM, PADYAM, PUKPE, DHUPE, ALOKE, GENDHE, NEWIDE, SHABDA

嗡 阿爾呀大咧 薩巴瑞哇拉 邊雜 阿岡 巴當 布貝 都貝 阿洛給 根喋 涅威喋 夏大

PRATITSA AH HUNG SOHA

札滴擦 阿吽 梭哈

ཀྱིས་མཆོད།　འཁོར་བ་ལས་སྒྲོལ་ཏུ་རེ་མ། ｜ཏུཏྟཱ་རེ་ཡིས་འཇིགས་བརྒྱད་སྒྲོལ། ｜ཏུ་རེས་ནད་བ

KOR WA LAY DROL TA RE MA   TU TA RE YI JIK JAY DROL   TU RE NA WA

(供養度母八供) 渡脫輪迴 "大咧" 母，   "都大咧" 渡八怖畏，   "都咧" 救度

རྣམས་ལས་སྒྲོལ། ｜སྒྲོལ་མ་ལ་ཡང་ཕྱག་འཚལ་བསྟོད། ｜ཅེས་ལས་བསྟོད། ｜འཕགས་མ་རྒྱལ།

NAM LAY DROL   DROL MA LA YANG CHAG TSAL TÖ   PAK MA JAL

眾疾病，   復於度母恭禮讚。   以上讚歎。   聖母以及

བ་སྲས་བཅས་ཀྱིས། ｜མཆོད་གཏོར་བཞེས་ལ་བདག་འཁོར་བཅས། ｜ཏག་ཏུ་སྲུངས་སྐྱོབས་བྱིན།

WA SAY CHAY CHI   CHÖ TOR SHE LA DAK KOR CHAY   TAK TU SUNG CHOB JIN

佛菩薩，   納食子於我眷眾，   常予護佑祈加持，

གྱིས་རློབས། ｜ཆོས་སྤྱོད་ཡུན་རིང་འཚོ་བ་དང་། ｜མཆོག་མཐུན་དངོས་གྲུབ་མ་ལུས་སྩོལ།

JI LOB   CHÖ CHÖ YUNG RING TSO WA DANG   CHOK TUN NGÖ DRUB MA LU TSOL

        行法行者咸長壽，   無餘賜予共不共成就。

白度母修法

༄༅། ཡིག་བརྒྱས་ཉོངས་པ་བཤགས།　　རྟེན་མེད་ན་བཛྲ་མུཿས་གཤེགས།　　ཡོད་ན།

以百字明懺罪。(此處自誦百字明一遍)　若無佛龕，則誦 "邊雜穆" 請本尊回淨土。　如有佛龕‧‧‧‧

ཨོཾ་སུ་པྲ་ཏིཥྛ་བཛྲ་ཡ་སྭཱ་ཧཱུྃ་བརྟན་བཞུགས་སུ། 　 དགེ་འདིས་རྒྱལ་ཡུམ་ཤེས་རབ་ཕ་རོལ་ཕྱིན།

OM SUTRA TIKTRA BEDZRA YA SO HA　　　　GAY DI JAL YUM SHE RAB PA ROL CHIN
嗡 速 札滴叉 邊雜耶 梭哈 請本尊常住於此。　此善令達佛母智慧度，

།བདག་གཞན་འགྲོ་བ་ཀུན་གྱིས་མྱུར་འགྲུབ་ཅིང་།　།སྐྱེ་ཀུན་རྗེ་བཙུན་སྒྲོལ་མས་རྗེས་སུ་བཟུང་།

DAK SHEN DRO WA KUN JI NYUR DRUB CHING　　CHAY KUN JE TSUN DROL MAY JAY SU ZUNG
自他一切眾生速成就，　　　　　　　　　世世願爲度母所攝受，

།ཚེ་དང་ཡེ་ཤེས་རྒྱས་པའི་བཀྲ་ཤིས་ཤོག　　ཅེས་བསྔོ་སྨོན་དང་བཀྲ་ཤིས་ཀྱིས་དགེ་ལེགས་སུ་བྱའོ།　　།ལྷག

TSE DANG YE SHE JAY PAI TRA SHI SHOK　　　　　　　　　　　　　　　　　　LHAK
長壽智慧增長祈吉祥。　　　　　　　　以上發願回向及吉祥如意文。

པའི་ལྷ་མཆོག་ཀུན་ལས་ཀྱང་།　　།བྱིན་རླབས་མྱུར་ཞིང་ཚེ་སྤེལ་མ།　ཇོ་བོ་ལུགས་བཞིན་སྒྲུབ

PAI LHA CHOK KUN LAY CHANG　　JIN LAB NYUR SHING TSE PEL MA　JO WO LUK SHIN DRUB
一切最勝本尊中，　　　加持迅速增壽母，　尊者傳承修持法，

པའི་ཐབས། ཨདིར་འབྲེལ་ཀུན་གྱི་མཆོག་འགྲུབ་ཤོག། ཨཁགས་མ་སྒྲུབ་པའི་རྒྱུན་ཁྱེར་འདིཨང་རིགས།

PAI TAB DIR DREL KUN JI CHOK DRUB SHOK

<u>有緣</u>悉祈勝成就。 此聖母日修儀軌，

ལུན་རྣགི་བཟྲ་ཆེ་དབང་དཔལ་མོས་བགྲ་ཤེས་པའི་ལྷ་རྣས་བཅས་བསྐུལ་ངོར་རྒྲོ་གྲོས་མཐའ་ཡས་ཀྱིས་ཚེ་འཕུལ་ཟྲ་བའི་དཀར་ཕྱོགས

亦由望族空行女悲瑪策旺巴嫫 (蓮華壽德女)攜吉祥本尊供品當面勸請，羅卓他耶 (智慧無邊) 於藏曆正月上旬初六日

ཀྱི་དགའ་བ་གཉིས་པ་འགྲུབ་པའི་སྐར་བ་དང་ལྡན་པའི་དུས་བཟང་པོར་དེ་བྱི་ཀོ་ཤེའི་སྟྲིང་པོ་ཧྲག་བཏྲན་དགའ་ཚལ་དུ་སྦྱེལ་བ་དགེ

星宿會合之吉時， 於"空行宮殿藏"的"恆固喜林苑"中傳佈此法。願增吉祥。

ཤེགས་འཕེལ།། །།

(感謝台灣台中曼殊翻譯學苑提供附錄 B—**尊者如意寶輪日修儀軌**之中譯)

附錄 **C**

ༀ། །རིང་འཚོའི་བདེན་ཚིག་བཤུགས་སོ།།

常住世真語
(堪布卡塔仁波切長壽祈請文)

第十七世 嘉華噶瑪巴 鄔金欽列巴滇旺給多傑 撰

白度母修法

༄༅། །རིང་འཚོའི་བདེན་ཚིག་བཤགས་སོ།།

常住世真語

བསྐལ་པ་མང་པོར་རང་སྒོམས་ཚོགས་གཉིས་ལམ། །མཐར་ཕྱིན་འབྲས་བུའི་ཆོས་སྐུར་གནས་གྱུར་ཅིང་།།

KAL PA MANG POR RANG GOM TSOK NYI LAM

累劫勤集聖道二資糧

TAR CHIN DRAY BU'I CHÖ KUR NAY- GYUR CHING

安住究竟果位法身中

མཉམ་མེད་ཡོན་ཏན་མཐའ་ཡས་སྣང་བྱུང་དཔལ། །དུས་གསུམ་རྒྱལ་བ་རྣམས་ཀྱིས་དགེ་ལེགས་སྩོལ།།

NYAM ME YÖN TEN TA YEH MAY JUNG PAL

無等功德無量妙吉祥

DU SUM GYAL WA NAM KYI GE LEK TSOL

三世諸佛垂賜善圓滿

བཅོས་མིན་དད་པས་བླ་མའི་བཀའ་ལྟར་མཉན། །ལུང་རིགས་བདུད་རྩིས་ཐུགས་ཀྱི་བུམ་བཟང་གཏམས།།

CHÖ MIN DE PAY LA MAI KA TAR NYEN

具真信者遵聽上師言

LUNG RIK DÜ TSI TUK KYI BUM ZANG TAM

教理甘露盛滿意寶瓶

བཤད་སྒྲུབ་ལས་ལ་རྟག་གུས་བཙོན་པས་ཞུགས། །རྒྱལ་བསྟན་འདེགས་པའི་དམ་པ་ཞབས་བརྟན་གསོལ།།

SHAY DRUB LAY LA TAK GU TSÖN PAY SHUK

常持精進講修大事業

GYAL TEN DEK PAI DAM PA SHAB TEN SOL

佛法傳薪正士祈長住

སྔོན་མེད་ཡུལ་དུ་ཆོས་ཀྱི་སྒྲོན་མེ་སྤར། །རིས་མེད་འགྲོ་ལ་སེམས་ཀྱི་བདེ་སྐྱིད་བསྐྲུན།།

NGÖN ME YUL DU CHÖ KYI DRÖN ME PAR

點燃邊地佛法之明燈

RI ME DRO LA SEM KYI DE KYI TRUN

無私賜予有情心安樂

206

 འཚེ་མེད་ཞི་བདེའི་ལམ་ལ་རྟག་པར་གནས། སྐྱོན་མེད་ཁྲིམས་ལྡན་དམ་པ་ཞབས་བརྟན་གསོལ།།

TSE ME SHI DE'I LAM LA TAK PAR NAY   KYÖN ME TRIM DEN DAM PA SHAB TEN SOL

始終不離無害和平道   持戒無瑕正士祈長住

རྣམ་དག་དགེ་བའི་ལྷག་བསམ་དྲི་མེད་དང་། བསླུ་མེད་སྨོན་ལམ་བཟང་དང་མཐུ་བཙན་པོས།།

NAM DAK GE WA'I LHAK SAM DRI ME DANG   LU ME MÖN LAM ZANG DANG TU TSEN PÖ

清淨賢善無垢之意樂   及以真實善願之大力

འདོད་པའི་འབྲས་བཟང་མྱུར་དུ་རྫོགས་དང་ལྷན། ཀུན་ལ་སྣང་བ་དཀར་པོས་ཁྱབ་གྱུར་ཅིག །

DÖ PAI DRAY ZANG NYUR DU DZOK DANG LHEN   KUN LA NANG WA KAR PÖ KHAB GYUR CHIK

所欲善果迅速俱圓滿   祈願善妙光明遍虛空

ཅེས་པ་མཁན་གར་མཐར་རིན་པོ་ཆེའི་ཞབས་བརྟན་འདི་བཞིན་ཉིད་ཀྱི་སློབ་ཚོགས་རྣམས་ཀྱིས་བསྐུལ་མ་ནན་ཆེར་བྱུང་

『堪布卡塔仁波切常住世祈請』是應彼諸弟子之懇切請求，

དོན་བཞིན་ཤཱཀྱའི་མཚན་འཛིན་ཨོ་རྒྱན་ཕྲིན་ལས་དཔལ་ལྡན་དབང་གི་རྡོ་རྗེས་ཕྱི་ལོ་༢༠༠༢ཕྱི་ཟླ་༥ཚེས་༦ལ་

持 噶瑪巴名者 鄔金欽列巴滇旺給多傑寫於聖地吉多扎倉〈上密院〉

འཕགས་ཡུལ་རྒྱུད་སྟོད་གྲྭ་ཚང་དུ་དཀར་མར་བྲིས་པ་དུ་ཏྲི།། ॥

時為 2002 年 5 月 6 日。

附錄 D
噶瑪噶舉白度母法直接傳承年譜

956-1040	那吉旺丘 Ngagi Wangchug (*Vagishvarakirti*)
?	金洲大師 Serlingpa (*Suvarnadvipi*)
982-1054	阿底峽尊者 Lord Atisha (*Atisha Dipamkara*)
1005-1064	種敦巴 Dromtönpa
1038-1103	千噶楚清巴 Chennga Tsultrim Bar
?	依貝皆巴 Yepay Drepa
1079-1159	岡波巴 Gampopa (*Dhakpo Lhaje*)
1110-1193	杜松謙巴 (第一世噶瑪巴) Dusum Khyenpa (*the first Karmapa*)
1088-1158	卓貢仁千巴 (第一世泰錫度前生) Drogön Rechenpa (*an earlier life of the first Tai Situ*)
?	龐扎巴 Pomdrakpa
1206-1283	噶瑪巴希 (大成就者確傑喇嘛，第二世噶瑪巴) Karma Pakshi (*the mahasiddha Chokyi Lama, the second Karmapa*)
1230-1309	烏間巴 Orgyenpa
1284-1339	讓炯多傑 (第三世噶瑪巴) Rangjung Dorje (*the third Karmapa*)
1284-1365	雍敦多傑巴 Yungtön Dorje Pal (*Yungtön Shikpo*)
1340-1383	若佩多傑 (第四世噶瑪巴) Rolpe Dorje (*the fourth Karmapa*)
1350-1405	卡卻旺波 (第二世夏瑪巴) Khachö Wangpo (*the second Shamarpa*)
1384-1415	德新謝巴 (第五世噶瑪巴) Deshin Shekpa (*the fifth Karmapa*)
?	瑞佩惹即 Rigpe Raldri (*Pandita Sowon Kashipa*)
1416-1453	通瓦敦殿 (第六世噶瑪巴) Tongwa Dönden (*the sixth Karmapa*)
?	奔噶蔣巴桑波 Bengar Jampal Zangpo
1427-1489	郭殊利尊者(第一世嘉察仁波切) Lord Goshri (*the first Gyaltsap Rinpoche*)
1454-1506	卻札嘉措 (第七世噶瑪巴) Chödrak Gyamtso (*the seventh Karmapa*)
?	桑傑年巴 (札西包久成就者) Sangye Nyenpa (*the siddha Tashi Paljor*)

1507-1554 米究多傑 (第八世噶瑪巴) Mikyö Dorje (*the eighth Karmapa*)

1525-1583 昆秋延拉 (第五世夏瑪巴) Könchog Bang (*Könchok Yenlak,*
the fifth Shamarpa)

1556-1603 旺秋多傑 (第九世噶瑪巴) Wangchug Dorje (*the ninth Karmapa*)

1584-1630 卻吉旺秋 (第六世夏瑪巴) Chökyi Wangchug (*the sixth Shamarpa*)

? 南達稱 Namdaktsen (*Karma Namdak*)

1613-1678 噶瑪恰美 Karma Chagme

? 杜模卻傑 Dulmo Chöje

1659-1732 巴千卻吉敦竹 (第八世夏瑪巴) Palchenpo Chökyi Döndrup (*the*
eighth Shamarpa)

1700-1774 滇貝寧傑 (第八世泰錫度) Tenpai Nyinje (*the eighth Tai Situ*)

1733-1797 都杜多傑 (第十三世噶瑪巴) Dudul Dorje (*the thirteenth Karmapa*)

1774-1853 貝瑪寧傑旺波 (第九世泰錫度) Pema Nyinje Wangpo (*the ninth*
Tai Situ)

1798-1868 帖秋多傑 (第十四世噶瑪巴) Tekchog Dorje (*the fourteenth*
Karmapa)

1813-1899 洛卓泰耶 (第一世蔣貢康楚) Lodrö Thaye (*the first Jamgon*
Kongtrul)

1871-1922 卡洽多傑 (第十五世噶瑪巴)Khakhyab Dorje (*the fifteenth*
Karmapa)

1886-1952 貝瑪旺秋嘉波 (第十一世泰錫度) Pema Wangchog Gyalpo (*the*
eleventh Tai Situ)

1904-1953 欽哲歐瑟 (五位 "第二世康楚" 之一) Khyentse Özer (*one of the*
five "second Kongtruls")

1924-1981 讓炯利佩多傑 (第十六世噶瑪巴) Rigpe Dorje (*the sixteenth*
Karmapa)

國家圖書館出版品預行編目資料

白度母修法：如意輪：成就無死的法門/卡塔(Khenpo Karthar Rinpoch)
講述；索南卓瑪彙編；策凌卻準中譯.--初版.--
臺北市：方廣文化, 2007(民96)
　面：　公分
　譯自：The Wish-Fulling Wheel：The Practice of White Tara
ISBN 978-986-7078-09-4(精裝)
1.藏傳佛教-修持
226.966　　　　　　95019882

白度母修法 如意輪：成就無死的法門

作　　者：堪布卡塔仁波切 講述
英文彙編：噶瑪索南卓瑪
中　　譯：噶瑪策凌卻準
出　　版：方廣文化事業有限公司　◎地址變更：2024年已搬遷
住　　址：台北市大安區和平東路-通訊地址改爲106-907
電　　話：(02)2392-0003　　台北青田郵局第120號信箱
傳　　真：(02)2391-9603　　（方廣文化）
劃撥帳號：17623463　方廣文化事業有限公司
電子信箱：fangoan@ms37.hinet.net
美術設計：Ray Ko
封面設計：大觀創意團隊 嚴君怡
印製規劃：鎏坊設計工作室
裝　　訂：精益裝訂股份有限公司
經 銷 商：聯合發行股份有限公司
電　　話：(02)2917-8022
傳　　真：(02)2915-6275
出版日期：2020年11月　初版6刷
定　　價：新台幣380元 （軟精裝）
行政院新聞局出版登記證：局版臺業字第六〇九〇號

The Wish-Fulfilling Wheel: The Practice of White Tara by Khenpo Karthar Rinpoche
Copyright: 2003 Karma Triyana Dharmachakra Published by Rinchen, Inc., NY
Chinese Edition Copyright: 2006 Fangoan Publications
All Rights Reserved ISBN: 0-97145-542-2 Printed in Taiwan

方廣文化出版品目錄

夢參老和尚系列

書籍類

● 華 嚴

H203 淨行品講述
H204 梵行品講述
H205 華嚴經普賢行願品講述
H206 華嚴經疏論導讀
H208 淺說華嚴大意
HP01 大乘起信論淺述
H209 世主妙嚴品 (三冊)《八十華嚴講述》
H210 如來現相品・普賢三昧品《八十華嚴講述》
H211 如來名號品・四聖諦品・光明覺品《八十華嚴講述》
H212 菩薩問明品《八十華嚴講述》
H213 淨行品《八十華嚴講述》
H214 賢首品《八十華嚴講述》

● 般 若

B401 般若心經
B406 金剛經
B409 淺說金剛經大意

● 楞 嚴

LY01 淺說五十種禪定陰魔 —《楞嚴經》五十陰魔章
L345 楞嚴經淺釋 (全套三冊)

● 天台

T305 妙法蓮華經導讀

● 開 示 錄

S902 修行 ①
Q905 向佛陀學習【增訂版】②
Q906 禪・簡單啟示【增訂版】③
Q907 正念 ④
Q908 觀照 ⑤

● 地藏三經

地藏經

D506 地藏菩薩本願經講述 (全套三冊)
D516 淺說地藏經大意

占察經

D509 占察善惡業報經講記
(隨書附贈HIPS材質占察輪及修行手冊)
D512 占察善惡業報經新講《增訂版》

大乘大集地藏十輪經 D507 (全套六冊)

D507-1 地藏菩薩的止觀法門 (序品第一冊)
D507-2 地藏菩薩的觀呼吸法門 (十輪品第二冊)
D507-3 地藏菩薩的戒律法門 (無依行品第三冊)
D507-4 地藏菩薩的解脫法門 (有依行品第四冊)
D507-5 地藏菩薩的懺悔法門 (懺悔品・善業道品第五冊)
D507-6 地藏菩薩的念佛法門 (福田相品・ 獲益囑累品第六冊)

DVD

D-1A 世主妙嚴品《八十華嚴講述》(60講次30片珍藏版)
D-501 大乘大集地藏十輪經 (上下集共73講次37片)
D-101 大方廣佛華嚴經《八十華嚴講述》
(繁體中文字幕 全套482講次 DVD 光碟452片)

CD

P-05 金剛般若波羅蜜經 (16片精緻套裝)

錄音帶

P-02 地藏菩薩本願經 (19卷)

方廣文化事業有限公司
http://www.fangoan.com.tw